怨念怪談
葬難《そうなん》

神　薫

竹書房文庫

目次

一週間前から

その日の朝、早苗さんはふと思い立って、東京で一人暮らししている息子の携帯に電話してみた。

「特別な用がなくても、月に二、三回は私からかけるようにしてたのね。向こうは親からの電話なんて、うっとうしかったみたいだけど」

呼出音が一度鳴ったところで、電話がつながる。

最近どう？　変わりはない？

早苗さんが問いかけると、気怠《けだる》そうな声が返ってきた。

〈一週間前から死んでるよ〉

えっ、今なんて？

訊き返そうとしたとき、もう通話は切れていた。

「うちの子は真面目で、とっさに親にそんな冗談言えるような性格じゃなかった」

すぐにリダイヤルしたが、何度かけても留守番電話に接続されてしまい、息子は電話に出てくれない。

胸騒ぎがした早苗さんは身一つで新幹線に飛び乗り、息子のマンションに向かった。

予《あらかじ》め貰っていた合鍵で室内に入ると、エアコンの冷風が頬を打つ。

カーテンを閉め切った暗い部屋の中、息子はベッドの上に横たわっていた。

「ねえ、来たよ。電話出ないでどうしたの、調子悪いの？」

電気を点けて声をかけたが、何もリアクションがない。

タオルケットをはがして手を触れてみれば、パジャマに包まれた体は冷たくなっていた。

ヒッと息を吸い込むと、空気に微かな腐臭が混じるのに気づいた。

早苗さんは震える指で119をダイヤルしたが、残念ながら彼女の息子は死亡が確認された。

死因は飲み会後の睡眠中、吐瀉物を気道に吸引した窒息死だった。

「警察の人から死後一週間くらい経ってるって言われたの。エアコンが強で点けっぱなしだったから、あまり体が傷んでなかったのが救いだった」

文系学生が大学の講義を一週間程度休むことは珍しくない。携帯がマナーモードにされていたこともあり、母親が訪ねるまで彼の身に起きた異変は外部に察知されなかったのである。

あの日の朝、亡き息子の携帯電話に出て、早苗さんと一言会話したのは誰だったのか。

「〈お母さんはドジだから、偶然どこかに間違い電話したんだろう〉ってお父さんは言うんだけどね……私は、母親だからわかる。あれは確かに、あの子の声だった」

息子の遺品である携帯には、母親からの不在着信が十数件残されていた。

そこには通話記録こそなかったが、早苗さんは息子からのＳＯＳが自分に届いたのだと確信している。

おすそわけ

夏休みの始めに、勇人君は大学のクラスメートをデートに誘った。

「可愛い子なんでダメ元で誘ったんです。競争率高そうと思ってたんですが、意外にも即OKでしたね」

約束の日、学生にしては少し高級なレストランをランチ予約した勇人君は、彼女と繁華街を歩いていた。

「手、つなごうか？」

声をかけると、彼女は少しためらうそぶりを見せてから、おずおずと手を差し出してきた。

キャンパスで浮いた噂一つない彼女のこと、男性とのスキンシップに慣れていないのだろう。彼女のそんな仕草一つにも、勇人君は胸の高鳴りを覚えた。

しばらく手をつないで歩くうち、前方から大きな人が歩いてくるのに気づいた。

群衆から頭一つ飛び出すほど背の高い、横幅も異様に広い黒ずくめの男だった。

「遠目に見たとき、相撲取りかデブタレみたいに見えましたね」

その豊かな肉付きはおよそ日本人レベルではなかった。勇人君が何人束になってもかなわないほど立派な胴回りをしたギネス級の肥満体。

そんな重量級のボディが、不思議とウェイトを感じさせない軽快な歩調で闊歩《かっぽ》している。

何より妙なのは、その巨体の表面がぞわぞわと漣《さざなみ》だっていることだった。

「全身タイツとかの質感じゃなくて、黒い羊毛フェルトを纏《まと》っているみたいでした」

黒い何かに覆われて輪郭の定まらない人が、すたすたと大きな歩幅で近づいて来る。

「ねえ、なんか黒い、変な人いるよね？」

勇人君が怖気づくと、彼女は彼とつないでいない方の手でシッシッと羽虫を払うような動作をした。

直後、彼女の手の動きに合わせたかのように黒い靄《もや》は四散し、中からグレーのスーツを着た男が現れた。

その男は先ほどの巨体の片鱗もなく中肉中背で、立ちつくす勇人君らのそばを足早に通り過ぎていった。

男が遠ざかってから、彼女が勇人君の顔を心配そうに見上げてきた。

「ごめんね、怖かった？」

そこで初めて、勇人君は彼女に告白された。

「私、実は霊感強くて。私がそばにいると、その人にも良くない物が見えることがあるんだ」

その後、目的のレストランにたどり着きはしたものの、カルチャーショックのため勇人君は料理の味がほとんどわからなかったという。

「俺にはもったいないくらいの、いい娘ではあるんですけどね」

彼女と交際を続けるならば、勇人君は未知の世界に踏み込まざるを得ない。

「今まで生きてきた世界がガラリと変わってしまいそうで、正直なところ迷ってます」

次回のデートの約束は、まだしていないのだとか。

「真昼間に太陽の下で、心霊体験のおすそわけにも驚きましたけど、俺にはもっと怖かったことがあって……」

サラリーマン風の男から飛び散った黒い靄は、すぐ近くにいた別の男性に纏《まと》わりついて、再びハワイアンロコのような黒い巨体を形成したのだという。

彼女によれば、黒い靄はそうやって、通りすがりの人からエネルギーを勝手に貰っているらしい。

「最初のリーマンが悪人で、恨まれて憑かれてたのなら、まだ俺は納得できるんですよ。でも、あんな風に通りすがりに、誰でもいいみたいな感じで取り憑くんだとしたら、それって見えない俺なんかには防ぎようがないじゃないっすか」

彼女のことは〈いいな〉と思っている。

しかし、彼女と共に見る世界はおぞましい。因果応報ですらなく通り魔のように人を襲う何かなど、あまり見たくはないのだ。

当分、勇人君の悩みは尽きないようである。

歌舞いてる

今夏、英美さんは日本で最も大規模な、あの同人誌即売会にサークル当選した。

「このところ夏は二年連続で抽選漏れしてたので、今年は受かってうれしかったです」

英美さんは一人サークルゆえ、同人誌即売会では妹に売り子をしてもらう。

「早朝の在庫搬入から閉会時の搬出まで長時間拘束しますし、参加者も多ければ気候も過酷。イベントに参加すること自体がかなりハードですから、妹といえどもちゃんと売り子の日給を出しています」

久々の当選にイベントの勘がなまっていたのか、英美さんはしくじってしまった。

「イベント前泊のホテルをネット予約しようとしたら出遅れてしまって。いつもの宿が取れなかったんです」

彼女の常宿は新宿駅から徒歩数分の好立地ゆえ、既に満室。

代わりの宿を探そうにも夏休みのハイシーズンと重なり、条件の良い宿は全て満室か、空室があっても予算をオーバーしていた。

ならばキャンセル待ちか。

根気強く予約サイトを閲覧していたところ、一室だけ空室が出た。そのホテルは新宿区歌舞伎町にあり、駅から徒歩圏内。値段も予算の範囲内だった。

歌舞伎町は〈犯罪のメッカ〉、〈東洋一の歓楽街〉など闇や夜のイメージを抱いていた彼女だったが、他に選択肢がないため、その宿に二名でツインルーム一泊の予約を入れた。


「宿泊の当日ですが、フロントの方が日本語のあまりできない方で、チェックインも一苦労でした」

その夜、二十三時頃に妹が風呂を使っている間、英美さんはツインベッドの窓側で同人誌即売会のカタログをチェックしていた。

〈ヒィイイイイッ！〉

どこか、すぐ近くで悲鳴が聞こえた。

甲高《かんだか》い悲鳴の合間に男性の怒鳴《どな》り声と、言い返す女性のエキサイトした声が混ざり合っている。

「最初は、あ、これ本気の悲鳴じゃないな、と思いました。女性が交際相手を困らせようとして、わざと金切り声をあげて騒いでるんじゃないかと」

さんざん怒鳴りあっているけど、何をそんなに怒っているのだろう?

興味本位で耳を澄ませてみたが、どうも内容が判然としない。

男女の会話から意味の通じる言葉は単語一つすら聞き取れず、日本語ではないようだった。

「わっ、このホテル、けっこううるさいね」

風呂から出てきた妹が、言い争う男女の声に肩をすくめた。

その頃、時刻は零時を回っており、英美さんも風呂を使うことにした。

三十分弱でバスルームを出ると、まだ男女の声は部屋に響いていた。

「痴話喧嘩か何か知らないけど、一時間近く同じトーンで怒鳴り続けているなんて、すごくパワフルな人たちなんだなぁと思いました」

この声、どこから聞こえてるんだろうね?

妹の疑問を機に、英美さんは音の出所を話し合った。

最初は隣室の宿泊者が映画でも見ているのかと考えたが、主演の男女が一時間以上怒鳴り狂う映画など、おそらく存在しないだろう。

これは生の会話音だ。二人は耳を澄ませたが、隣室ではなく上下階でもない。廊下も違うようだ。

話し合った結果、ホテルの外、庭か通路だろうと思われた。

「歌舞伎町ですから、パトカーや救急車のサイレンなんかも割と聞こえてくるんですけど、その痴話喧嘩にはノータッチみたいでした」

午前一時を過ぎているので明日のために寝たいのだが、悲鳴のせいでどうにも寝付きが悪い。

〈ギャアアア、ヒィィィィ!!〉

聞こえ始めよりボリュームが増し、悲鳴がヒートアップしてきた。

「よく声が枯れないものだと感心しました」

尋常ではない騒音ゆえ、警察に通報しようかとも考えたが、事情聴取などされて明日のイベントに響いてはたまらない。

「フロントに電話すれば良かったんでしょうけど、チェックインのときやり取りが面倒だったので、あまり連絡する気が起きなかったんです。それに、本当に緊急性があるなら、誰か他の人がなんとかするだろうと思ったので……」

いつしか男性の声は聞こえなくなり、よく通る女性の悲鳴だけが連発で響くようになった。

〈ヒギャアアアア!!　ギャアアアアアッ!!〉

その悲鳴は、よく一人の人間からこれだけの声が絞り出せると驚くほどのボリュームだった。

身も世もなく悲鳴を上げる女性は、どれだけの恐怖を感じているのだろう、今まさに殺されんとする人の如き、本気の全力で軋《きし》りあげた悲鳴に感じられた。

〈ギャアアアアッ、ヒギェアアアッ!!　ヒィエアアア!!〉

ホラー映画でもここまではやらないであろう絶叫の連続に、英美さんはベッドから起き上がった。

「少し、外を確認してみるわ」

二人の部屋はホテルの四階にあった。

女の身で風呂上がりに外出するのは避けたかったので、部屋の窓を開けて外の様子を伺ってみる。

転落事故防止のため窓は首一つに満たない幅しか開かなかったが、それで充分だった。

すさまじい悲鳴は部屋の真下のブロック塀と建物の間、ホテルの庭に当たる場所から発せられていた。

「誰かいるのかなぁって目を凝らしても、暗くて何も見えないんですよ」

煌々《こうこう》と辺りを照らす街灯の光が、なぜかそこにだけは届かずに畳一畳分の暗闇を作っている。それで、英美さんは合点した。

「街灯に照らされない、他人から見えない穴場だから、わざわざそこに行って喧嘩してるんだって思ったんです」

延々と女性の悲鳴が聞こえているのに、どうして誰も通報しないのか不思議ではあったが、〈これが歌舞伎町の日常なのだろう〉と英美さんは思った。

窓を閉めて振り返ると、もぞもぞ妹が荷物をあさっていた。二人分の耳栓を持ってきていたのを思い出したのだ。

「すごいねー歌舞伎町。悲鳴が日常茶飯事なんだ」

「何時間も悲鳴したって誰も通報しないもん。さすが歌舞伎町、歌舞《かぶ》いてるよね」

「ふふふ、歌舞いてる歌舞いてる」

そんな会話の後、二人は耳栓を装着してぐっすり眠った。

翌朝六時過ぎ、英美さんは眩しさに眠りを破られた。

就寝前に閉めたはずのカーテンが全開になっていて、顔に直射日光を受けている。

窓を開けて庭を見下ろせば、昨晩悲鳴の上がっていた場所がさわやかな朝陽に照らされていた。

わずか畳一枚ほどの空間に、高さ二メートルはあろうかという木材が四隅に打ち込まれ、有刺鉄線でぐるぐる巻きになっている。これでは誰も入りようがない。

「ホテルの庭は全面芝生が敷いてあるのに、囲いの中だけ黒っぽい地面が剥き出しで草も生えてないのが、なんだか不気味でした」

ぴしゃりと窓を閉めたところ、妹が目を覚ました。

「ねえ、夜中にここのカーテン開けた?」

英美さんの問いかけに妹はきょとんとして、すぐに首を横に降った。

予定を早めて七時にチェックアウトする際、鍵を返すとフロントからは〈アリヤトゴザマシタ〉と片言の返事があった。

「イベント前日で変なテンションになっていましたけど、家に戻ってよく考えたら、いくら歌舞伎町でも、悲鳴が何時間も続くなんてことないですよね」

それで当然と思ってしまった自分が少し恐ろしい、と英美さんは苦笑した。

当該ホテル名をネット検索したところ、〈死体発見〉のあった施設として事故物件サイトに掲載されていたが、事件の詳細や深夜の悲鳴との関連は不明である。

ヒトノエ

今から十年前の夏休み、小学生だった芽衣さんは母親と共に里帰りし、祖父宅に連泊していた。

「ちょうどお盆の時期で、確か、お母さんと地元の夏祭りを見に行った日の夕方です。玄関でただいま！　と言ったのに、おじいちゃんの返事がなくて」

芽衣さん母娘が昼過ぎに夏祭に出かける際、祖父は〈調子が優れないので、今日は家にいる〉と話していた。

芽衣さんが居間に行ってみると、ちゃぶ台に向かう祖父の後ろ頭が見えた。愛用の座椅子にもたれかかり、うたた寝しているようだ。

「おじいちゃん、寝てるの？　めい、帰ってきたよ」

祖父の肩から首にそっと手をまわして抱きついたとき、ぺちゃりと生暖かく湿った物が手の甲に触れた。

ぎょっとして見れば、鶏卵サイズの白っぽい物が、開いた祖父の口からだらしなく垂れ下がっている。

「しぼみかけたヨーヨーかと思ったんです。おじいちゃんが私を驚かせようとして、ヨーヨーを咥《くわ》えて寝たふりをしてるのかなって」

一見ゆで卵にそっくりな物体には、精巧な造形の人面が付いていた。それは老人の顔で、細かな皺《しわ》の一本一本までがリアルに刻まれている。眼球は黒一色で白目と黒目の区別がなく、獣のような瞳をしていた。

全然可愛くないし、変なおもちゃだな。おじいちゃん、こんなのどこで買ったんだろう？

触ってみようと手を伸ばしたとき、それは芽衣さんの小指の爪よりも小さな目をきょろりと動かした。

「それと視線が合ったんです。いやッ！ と思ったら体が勝手に動いて、おじいちゃんの口からそれをはたき落としてました」

畳に叩きつけられたそれの、つるりと剥き卵に似た外皮がひび割れ、体液らしき汁が畳にじくじくと広がっていった。

卵に似た体はびちびちと痙攣していたが、しばらくすると動かなくなった。

「何これ、気持ち悪い！　おじいちゃん、おじいちゃん起きてっ！」

肩に手をかけて揺さぶると、祖父はぐにゃりと座椅子から崩れ落ちた。

「おじいちゃんっ？　おじいちゃーん‼」

台所で西瓜《すいか》を切っていた母親が娘の悲鳴を聞いて駆けつけたとき、祖父は人事不省になっていた。

病院に搬送された祖父の意識が戻ることはなく、その日の深夜に亡くなってしまった。楽しかった里帰りの後半は、祖父の通夜と葬式に費やされることになった。

火葬を済ませ、祖父のお骨が納まった骨壺を抱いて家に戻ったとき、ふと芽衣さんは卵に似た物のことが気になった。

祖父の急変からずっと慌ただしかったため、変な物を見たことは母親にも話していない。

主を喪《うしな》った居間に入り、白い物が転がっていた場所を確認すると、そこには醤油をこぼしたような染みがあるだけだった。

この体験を思い出すとき、芽衣さんは胸が塞ぐ思いがするという。

「あのとき、おじいちゃんを殺しちゃったのは、私じゃないかって思うんです」

祖父の口から垂れていた卵のような生き物には、小さな人の顔がついていた。

「その顔、おじいちゃんと同じ顔だったんです。おじいちゃんの無表情な顔」

まだ幼かった自分が、祖父の体から離れた魂を知らずにはたいたせいで、祖父が死んでしまった。

そんな疑いが、ずっと心から離れないのだという。

「あんなに可愛がってくれたのに、私がおじいちゃんを……」


芽衣さんの言う通りに、卵形の物は肉体を離れた祖父の霊魂であり、それを殺傷せしめたために彼女の祖父は亡くなってしまったのだろうか。

それが本当に芽衣さんを溺愛していた祖父の魂であったなら、なぜ愛する孫に生理的嫌悪感を催させる姿で現れたのか、説明が付かない。

ここは、〈それ〉が良くない物だと感じた当時の彼女の第一印象を信じたいところである。

肉体を離れたヒトの魂は〈ひとだま〉と呼称される宙を舞う光球もしくは火炎球とされることが多い。

また、人の意識が昆虫の中に入り込むという荘子の〈胡蝶の夢〉、死者の口から霊魂が蝶に姿を変えて飛び立つギリシャ神話の〈エロスとプシュケー〉など、東西問わず魂は蝶にたとえられることがある。

魂が旅立つとき、卵のような物が口から垂れさがるというケースを私は寡聞にして知らない。

芽衣さんの祖父は座椅子でうたた寝をしている最中に、何らかの身体的疾病にて突然死したのだと仮定してみる。

その前夜、孫と一緒に夏祭りに行くのを楽しみにしていた祖父は、当日の朝になって急きょ取りやめ、留守番を申し出たというから、ご本人が体調不良を自覚していた可能性が高い。

たとえば、シラミなどの寄生虫は、宿主が死亡すると体温の低下からそれを知り、新たな寄生先を捜すために宿主から離脱することが知られている。

あのとき芽衣さんの祖父に起きていたのも、それと似た現象かもしれない。

「それって、亡くなった祖父の口から寄生虫が這い出てたってことなんですか？」

寄生虫学において人面の蟲など学会に報告されてはいないが、人畜問わず様々な寄生虫の写真を芽衣さんにご覧頂いたところ、魚類の口の中に寄生する〈ウオノエ〉の目がかつて見た物とよく似ているそうだ。

彼女が目撃した物は、人の悪事を閻魔《えんま》に報告するといわれ、かつて日本でも非常に恐れられた〈三尸《さんし》〉に近いのではなかろうか。

宿主が寝ているとき、または死ぬときに体外に這い出す行動も三尸に一致する。

この道教に由来する寄生虫は人体の三か所、頭、腹、足に棲むといわれ、それぞれ上尸、中尸、下尸と呼ばれているのだが、頭に棲まう上尸は小人のごとき姿であるといい、芽衣さんの見た物に近い（伝承では青か黒とされ、体色は異なるが）。

「あれが何だったのか、今となってはもうわかりませんけど、そんな風に考えられたら少し楽になれる気がします」

そう話を締めくくると、芽衣さんは微かに口元をゆるめた。

生足

「寒くなると、よく母が私の布団に入ってきたの」

颯希《さつき》さんがまだ学生だった頃、冬になると別室で寝ていた母親が、わざわざ深夜に彼女の部屋に忍び込んできたのだという。

「母ったら、つま先からひざ下まで私の足にぴたっと押し付けてくるんだけど、氷みたいに芯から冷えてて全然あったかくならないわけ」

颯希さんの家はシンママ（シングルマザー）家庭だったので、〈これも親孝行かな〉と思った彼女は、いつも冷えた足を温めてあげていた。

「意識がシャッキリしてるときなら、〈冷たーい〉って文句を言うとこだけど、いつも眠さ最高潮のときに布団に入ってくるんで、しょうがないなあって許してたの。母もそれがわかってて、私が寝落ちするタイミングを見計らって布団に入ってきてるんだと思ってた」

ある日、夕食時にテレビで〈冷え性特集〉を放映しており、彼女は母親と一緒にその番組を見た。

「ねぇお母さん、いつも私を湯たんぽ代わりにしてるけど、足、ずっと冷たいよね。しょうがドリンク飲んでみたらどう?」

すると、母親は目を丸くして娘を見返してきた。

「えっ、お母さん、そんなことしてないよ?」

「ええっ、あんなに温めてあげてるのに、どうしてそんな嘘つくの!」

言いつのる娘を諭すように、母親は言った。

「あんたも知ってるでしょ、お母さん冷え性だから、冷えとり靴下履いて寝てる。裸足でなんか寝るわけない」

じゃあ、あれは。布団の中で、ひんやりとした素足をいつも押し付けてくるのは……。

その夜、母ではない何者かが足を温めに来ると思うと不気味だったが、眠気には勝てず、いつしか彼女は熟睡してしまった。

以来、氷のように冷たい足が布団に入ってくることはなかった。

母親ではないとバレたことで、その何かは気まずくなって来なくなったのだろうと彼女は考えた。

「こんなに簡単に来なくなるなら、もっと早くに母親に話してみれば良かった」

そんな颯希さんは、二十歳を過ぎると母親の体質に似たのか、酷い冷え性になってしまった。

「十代までは何ともなかったのに、最近、つま先が痛いほど冷えるの。湯たんぽもすぐにぬるくなっちゃう」

それで、彼女は思いついたことがあるという。

「昔、私に氷みたいな足を押しつけてたのって、未来の私なんじゃないのかな」

彼女は足の形も母親によく似ており、二人の足を並べると見分けがつかないくらいである。

「私としては、よくわからない何かより、その方が安心できるっていうか、納得できるんだけど」

通りすがりの誰かか、母親の生霊か、過去にタイムスリップした自分か。

どうせ真相がわからないなら、都合のよい考えを信じていたいと彼女は言った。

ペットショップ

その日、美鈴さんは貯めたバイト代で犬を買うつもりだった。

彼女の父親は無類の犬好きなのだが、家でペットを飼うことに反対してきた。

犬の寿命は人よりも短いので、死別したら悲しみに耐えられないというのが父の主張だった。

「私は子供の頃からずっと犬が飼いたかったんです。父は反対かもしれないけど、私が自分の稼いだお金で買うんだから、私の自由でしょ？　って」

犬を飼えば、父親の健康にもよいという目論見もあった。

「うちの父、会社の健康診断でいろいろ基準値オーバーしてて。お医者から運動しろって言われてたんですけど、困ったことに体を動かすのが嫌いな人なんですよね。でも、うちに犬がいたら父も散歩に付き合ってくれるんじゃないかと」

美鈴さんは商店街の小さなペットショップに立ち寄った。

「動物は好きだから、見てみたい気持ちはずっとありました。ただ、買う気もないのにただで動物と遊んでいくのはひやかしになってしまうし、飼えないのに動物に情が移ったら自分が辛くなると思ったので、それまでペットショップに入ったこと、なかったんです」

うなぎの寝床のように細長い店内には、床から頭上を越える高さにまでプラケースが積まれ、その中にはぎっしり子猫や子犬が詰めこまれている。

ちょうど美鈴さんの目線の高さにあるケースの中で、二匹の子犬がじゃれあっていた。毛がふさふさと愛くるしい小熊のような黒毛のポメラニアンと、白い毛色に茶色い目やにが目立つ痩せたチワワだ。

ぴょんぴょんと跳ねて楽しげに遊ぶ二匹の姿に、美鈴さんは笑顔になった。

よし、決めた！

美鈴さんは奥のレジにいる男性店員を呼んだ。

「あのぅ、この黒い子下さい」

目的のケースを指さす彼女に、店員は〈はぁ？〉と面倒くさそうに応答した。

仮にもお客に対して〈はぁ？〉はないだろう。

横柄な態度にムッとしていると、店員がぼそっと言った。

「黒いのって？　そいつ、白いけど」

振り向くと、ケースに黒いポメラニアンがいない。

そこには、白いチワワがぽつんとたたずんでいるのみだ。

「ケースの扉は閉じていて、バックヤードで店員が開けた様子もなかったのに……中には一匹しかいなかったんです」

そのケースに貼られた値札には〈チワワ〉とあり、チワワの生年月日と性別や出身県、価格がマジックで書かれていた。

手品でもないのに黒犬が消え失せてしまった。

美鈴さんが戸惑っていると、愛想のない店員が話しかけてきた。

「ふぅん、見ちゃったんだ。おたく見える系の人なの？　黒いやつ、先週に死んだはずなんだけどね」

この店員は何を言っているんだろう、ちょっとどうかしている。

視線を店員の背後にそらすと、彼女の目にペットたちの惨状が飛び込んできた。

皮膚病なのか、毛がところどころ禿げて薄くなったコーギー。

明らかに眼球突出が見られ、片目が濁っているパグ。

ケースいっぱいに育ちすぎた体を、申し訳なさそうに丸めているレトリバー。片づけてもらえない下痢便を踏みつけ、下半身が糞便まみれになっているフレンチブル。

入り口付近の子犬たちだけでもそんな有様で、美鈴さんは堪えきれずに店から走り出た。

「酷い環境にいる子たちが可哀想で、家に帰ってから少し泣きました」

先ほどのペットショップについてSNSに書き込むやいなや、情報通のフォロワーからコメントが届いた。

世の中には命を軽く扱うペットショップが少なくなく、彼女の行った店はそうした悪質なショップだろうといわれた。

「私みたいに初めて飼う人には、パワフルすぎる子犬より、しつけの入っている成犬の方が飼いやすいって教えてもらいました」

彼女はもともと、血統書付きの純血種にこだわってはいない。

犬を飼うならペットショップと思い込み、専門的な知識を持って繁殖を行うブリーダーや、殺処分から命を救える保護犬譲渡会について、知らなかっただけだった。

ネットでアドバイスをもらった美鈴さんは、ペットショップから買うのではなく、遺棄動物の保護団体に譲渡を申し込むことにした。

一戸建ての居住環境、犬に対するアレルギー疾患がないこと、親が転勤のない職種であることなどが選考基準となり、彼女は譲渡会から推定五歳の雑種犬を家に連れ帰った。家族となる愛犬の性別は去勢済みのメスで、初めて飼う犬であることから、初《うい》と名づけた。

「最初、一週間のお試しステイではすごいイイコでしたよ？　うちに慣れてきたら安心したのか、地が出てきてオイタするようになっちゃいましたが」

当初は猛反対していた父親も一日で初にめろめろになり、犬オヤジ化して毎日欠かさず朝晩犬を散歩に連れて行くようになった。

「でも、幸せそうな初を見ていると、〈あのときショップでぐったりしていた子たち、どうしてるのかな〉って考えちゃうんですよね」

あれからもう一度、気になって件のショップに足を運んでみたのだが、〈閉店〉と書かれた紙が一枚、降りたシャッターに貼られているのみだった。

「みんないい飼い主にめぐり合って、幸せになっててくれますように」

最後に、美鈴さんは今後の抱負を語った。

「初ちゃんが老犬になる頃、改めて譲渡会から子犬をお迎えするつもりです」

そうやって、代々の犬たちを愛でていきたいと彼女は微笑んだ。

神の子の片思い

静岡で活動するミュージシャンの門太さんは大のオカルト好きだが、生まれてこのかた怪異に遭ったことがないという。

「俺が若くて学生だった頃にさ、友達みんなで大崩《おおくずれ》海岸の〈黄色い車〉を見に行ったんだよ」

大崩海岸とは、雄大な駿河湾と断崖絶壁に挟まれた、焼津市と静岡市をつなぐ道路一帯を指す。

ここは全国的に有名な心霊スポットであり、この場所を通ると必ず怪異を見るともいわれ、少女や老人の霊が出るのは序の口、偽の道に導かれてガードレールを突き破るなどの事故に遭うと噂されている。

〈大崩〉の名の通り何度も崩落を繰り返すこの土地には、土石崩落や海への車の転落事故が起きており、度重なる通行止めにより廃業した施設などの廃墟も多数存在する。

崩落の可能性が常に存在するため、地元の人間は極力迂回路を使う。つまり怪異の有無以前に、大崩はそこを走行すること自体が物理的に危険を伴う、スリリングなスポットなのだ。

話を戻すと、二十年ほど前の夏、門太さんは友人らと車で大崩海岸を目指した。

彼らの目的は、大崩伝説の中でもいわくつきの〈黄色い車〉だった。

当時、大崩海岸の路上に黄色い車がずっと放置されていた。それは死亡事故を起こした車両で、テレビ番組で取り上げられたほど有名な話だった。

事故車を撤去しようとした業者にトラブルが相次いだため、異例にも、事故車が事故現場にそのまま放置されていたのだという。その事故車は〈見るだけで呪われる〉〈車体に触ると手、蹴れば足など、体の一部を失う〉などと噂され、地元ではたいへんに恐れられていた。

一行が問題のカーブに差し掛かったとき、助手席の女子が叫んだ。

「あった！　見ちゃった、あそこに事故車!!」

期待してカーブする道路の路肩を凝視した門太さんだったが。

「なんだよ、何もないじゃんか」

同行の友人たちは口々に〈黄色い車〉の感想を言い合っていたが、のけ者にされた門太さんは面白くなかった。

自分にだけ見えないなんてことがあって良いものか。

静岡から焼津へ移動したあと、リベンジの気持ちでもう一度、彼は同じ道を引き返した。

「それでも、見えなかったんだよ。〈黄色い車〉」

見えるまで何度でも往復チャレンジしたかったのだが、同行者の反対もあって門太さんは諦めた——その日だけは。

「霊とかなら霊感があるかないかで、見える見えないが決まりそうでしょ。でも、この車は呪われてるとしても、〈モノ〉だから。そこにある〈モノ〉が目に映らないって、俺の目おかしくない？」

それから暇を見つけては十回以上も大崩海岸に通った彼だったが、結局〈黄色い車〉を見ることはできなかった。

「見えるまでしつこく通おうと思っていたのに、テレビの企画で撤去されちゃって。本当に大崩からなくなってしまったんだよ、〈黄色い車〉」

その他にも、〈顔の崩れた地蔵〉など様々な心霊スポットを訪ねてみたが、みながみな〈ヤバイ〉と言うものほど、彼は見ることができなかった。

そんな彼の家系図をさかのぼってみると、数代前が神社の神職に連なるという。

「だから俺は神の子なの。邪悪な物が目に映らないよう、神様に護られてる！　一度でいいからオバケを見てみたいけど、そういうことなら仕方ないよね」

彼は今も怖いものを見たい、遭ってみたいと熱望している。

その実、怪異をなかったことにする目を持つ彼こそが、人ながらにして怪異の一員なのかもしれない。

あわや初体験

前話に続き、〈神の子〉門太さんの体験である。

こちらの話は門太さんのバンドメンバーである麻耶さんから伺った。

「門太さんはよく心霊スポットに行くんですけど、彼、〈怖い物など見たことがない〉と豪語するんですよね」

〈神に護られし子〉なのか、酷い〈霊的不感症〉なのかわからないけど、と麻耶さんは語る。

「門太さん、こないだ初体験できそうだったんですよ」

先日のこと、スタジオ練習を終えた門太さんは麻耶さんを駅まで送ると、車で家路についた。

彼は兼業ミュージシャンゆえ、翌日は普通に仕事がある。

深夜なので道路はすいていたが、少しでも早く帰宅しようと、地元民しか知らない裏道を使った。

山腹には畑が点在するのみで、周囲に民家はない。夜にはほぼ無人となる田舎道で、彼はついに目撃した。

門太さんから、興奮した声で麻耶さんに電話がかかってきたのは、そのときである。

「麻耶ちゃん、今ここにお化けがいるっ!!」

頭が妙に長い三頭身の人が、よちよち歩道を歩いている。

異様に伸びた頭部に釣り合わぬ短い手足、ふやけた生白い皮膚は、人間の胎児を成人サイズにまで巨大化させたものを想起させた。

「街灯もなくて道が真っ暗なのにさ、内側から白く光ってるの。あれ、人間かな？　絶対人間じゃないよな」

それで車を止めて彼女に電話をかけたのだと、門太さんはいつもより早口で語った。

「スゲーな、俺、生まれて初めて怖いもん見たよ〜」

最後、麻耶さんに明日のスタジオ練習の予定を確認してから彼は電話を切った。

「次の日の夜、スタジオ練習で彼に会って、目撃したお化けのことを訊いたんですよ。私も詳しく知りたかったですし。そしたら……」

〈昨日、お化け見たんでしょ？〉と麻耶さんが訪ねると、門太さんは予想外の返事をよこした。

「何それ。そんなの知らないよ、俺」

「昨晩、裏道を通ったとき〈見たーっ〉って電話してきたじゃない？」

麻耶さんの言葉に、門太さんは首を傾げてみせた。

「俺、電話はしたけど、お化けなんか見てないよ」

そう話す門太さんの真剣な表情から、嘘ではないと麻耶さんは感じた。

昨晩打ち合わせたバンドのスタジオ練習の件は覚えているのに、目撃した怪異のことだけが、すっぽり門太さんの記憶から抜け落ちている。

「あんなに声を弾ませて電話してきたのに、昨日のこと、どうして覚えてないの？」

納得のいかない麻耶さんがなおも問い詰めると、門太さんは神に誓って、次のことが事実であると答えた。

「確かに昨晩遅くに裏道を通ったし、麻耶ちゃんに電話もかけたけど、それはスタジオ練習の予約を確認するために電話したんで、俺は変な物なんか何も見ていない」

麻耶さんは、そんな門太さんが逆に怖くなったという。

「だから、彼は〈怖いものを見たことがない〉んじゃなくて、見てもきれいさっぱり忘れちゃうんですよ」

あるいは門太さんの言うように彼の守護神的な存在が、心霊スポットに行けば怪しい物が見えないように彼の視覚を遮り、もっと強力なまずい物を彼が見てしまった場合は、その忌まわしい記憶を消去しているのかもしれない。

いずれにしても、門太さんはこう言うのだ。

「ああ、一度でいいから怪異に遭ってみたいな〜」

見る、忘れる、消える

先述の「あわや初体験」にて、〈神の子〉門太さんが怪異に遭ったのは、地元ではよく知られている怪奇スポットである。

その場所で、門太さんの目撃した怪異とそっくり同じものを目撃した人がいた。

「うちの母があそこを通りがかって、とても頭の長い人を見たんだそうです」

この度、女子大生の真崎さんの情報を聞かせていただいた。

真崎さんの母親は介護施設で働いている。

その日、施設入居者のトラブルがあったため、彼女の母親は思いがけず帰宅が遅くなってしまった。

「少しでも早く帰りたかったので、母は特別にあの抜け道を使ったんだそうです。いつもはそんなところ、通らないんですけどね」

車でその地域を通過していた彼女の母親は、静岡市街地へ向かうトンネルに入る瞬間、怪異を見た。

「トンネルの上の茂みから長い頭がにょきっと出て、ヒョコヒョコ動いていたんだそうです」

それは、トンネルの上に立つ頭の異様に長い人だった。暗い木立の中であるが、内側からぼうっと光っていたため人がいるとわかったのだという。

介護施設からの帰宅後、母親が上ずった調子でそう話すのを真崎さんは聞いた。〈目撃してすぐにトンネルをくぐってしまったので、スマホで写真を撮ることもできなかった〉と母親は残念がっていたそうだ。

この後の経緯は「あわや初体験」と全く同じである。

その翌日、真崎さんが〈頭の異様に長い人〉について詳しく尋ねると、〈なぁにそれ、何の話？〉と母親は首を傾げた。

母親は、昨晩目撃した内容を何一つ覚えていなかった。

この話を伺ったとき、私は混乱した。

門太さんと真崎さんの母親に起きた事象は同一である。例の土地で〈頭の長い人を目撃したが、一晩寝たら記憶から削除されていた〉のだ。

当初、私は〈見た怪異を記憶から削除する〉のは、門太さんの持つ〈怪異を見ることができない〉能力のバリエーションだと思っていた。

しかし、神職を身内に持たない真崎さんの母親が同一体験をしていることから、その仮定は成り立たないと判明した。

神職の血筋である門太さんは〈怪異自体を見ることができない〉能力を持っている。つまり、霊の憑いた物質に彼が近づくと、たとえその対象物が自動車のような大きい物体であっても、画像ソフトで継ぎ目を残さず編集したかの如く、怪異の存在は彼の視界から完全に消される。

門太さんに〈怪異を見えなくする〉能力は、怪異と相対してリアルタイムで発動するものだ。これを仮に〈リアタイ心霊消去〉能力と名付ける。

一方、〈怪異を目撃するが、一晩経つと怪異の記憶を根こそぎ失う〉今回の事象は、〈リアタイ心霊消去〉とは数時間のタイムラグや、操作の対象が視界なのか記憶なのかなど異なる点が複数あり、この二つを同一視していたのは浅慮に過ぎたといえよう。

門太さんと真崎さんの母親の話から、推測されることが一つある。

どうやら、例の土地で目撃される怪異は、いわゆる〈心霊現象〉ではないようだ。

＊

例の土地にほど近い市街地に住む、望月さんに話を聞いた。

「あそこは山のすそ野に平野が開けているが、火葬場があるぐらいだもんで、付近に民家はないんだ。農地がぼちぼちあるけど、畑の持ち主は近くの町から通いで農業やってるよ」

その土地では耕作放棄地が目立ってきているが、開発が一向に進まないと望月さんは言う。

「荒れた畑がノータッチになってるとこ、何度も開発の話が出てはいるんだが、毎回邪魔されるんで話が流れてしまうんだよな」

邪魔とは具体的に、どういった行為だろうか。

「工事を請け負ったところの奴が急に病気になったり、怪我したりするの。いつもそうさ、百パーセント。地元じゃ誰もやりたがらない」

その土地をいじると〈何かが出る〉とは噂されているが、〈何が出た〉のかは語られたことがない。祟りの被害者が一様に口をつぐんでいる様は、異様ですらあったという。

いったい、そこに何が出るというのだろうか。

学生時代、望月さんは友人と問題の場所を訪れたことがある。

望月さんが運転し、助手席に同性の友人が座った。

どうせなら暗い方がおかしなものも出やすいだろうと、日が暮れてから出かけることにした。

農作業を行う人々が自宅へ引き上げる夜間には、その地域一帯がほぼ無人となる。

渋滞避けの裏道として知られる辺鄙《へんぴ》な道路のためか、対向車も併走する車もいない道を望月さんらは走っていた。

「ひっくり返す途中で止めた農地をこの目で見て、踏んでみるつもりでな。長靴やらスコップやらわざわざ車に積んでおいたんだが、無駄になった」

結論から言えば、彼らはそこまでたどり着けなかった。

静岡市方面からトンネルを抜け、直線道路を車で流していると、ライトに照射されて前方に何かが見えた。

道路の脇に人のようなものが立っている。

「あれ、カカシか？　なんであんなのが道路にあるんだ」

「さっき、あんなのなかったぞ？」

友人とそんな話をする間にも、ヒョヒョッとそれは増えた。

道路脇の、かつては畑だった荒地から生えて道路にずんずん伸びていくもの。

近づいてみて、それらが紛れもなく人の形をしているのがわかった。

「奴らは人に似てたが、人じゃなかった。人そっくりの……あれを何と言えばいいのかわからん。俺らみたいに好奇心で夜中に来る野郎がいるのをわかってて、待ち構えてたフシがあった。もし奴らに捕まりでもしたら、生きてはおれんだろうと思った」

望月さんは周囲に車がないのをいいことに、Vの字に車をターンさせると一目散に逃げ帰った。

「俺は運転に夢中で余裕がなかったんだが、助手席の奴が後ろを振り返って〈あっ〉と言ったきり、黙りこくってしまった」

人影から二十分も離れた頃、彼らは事故を起こした。

「まっすぐ走ってたつもりが、勝手にハンドルごと手を握られてな」

目の前にガードレールが迫っていた。

急ブレーキは間に合わず、衝撃が二人を襲った。

運転手の望月さんはハンドルへの打撲で肋骨を複数箇所骨折、助手席の友人は骨折こそしなかったが、重い頸椎捻挫を負って苦しんだという。

「結局、あいつはその後大学を辞めちまったもんで、後ろに何を見たのかも教えてはもらえんかったな」

*

もう一人、例の土地で霊ならぬ怪異を目撃した人物がいる。

本名が類推されるような仮名は一切お断りという条件ゆえ、ここではその人物をX氏とする。X氏は在野の郷土史家で、十年以上前に例の土地を車で通過したことがあった。

それは、よく晴れた秋の夜だったという。

「俺らがそこを通ったのは、大学在学中に友人のZと東海地方の取材旅行に行った帰り道でした」

　運転中に強い眠気を覚えたＸ氏だが、その付近にはコンビニも自動販売機すらもない。あいにくＺ氏は免許を持っていないので運転を代わってもらうこともできず、Ｘ氏は路側帯に車を止めた。

「十五分くらい寝たら起こしてくれよな」

　目覚まし役をＺ氏に頼んで眠ろうとしたところ、閉じた瞼の向こうに眩しいオレンジ色の光が躍った。

　光を目の当たりにした助手席のＺ氏が、「うはっ」と歓声を上げる。

「蛍光オレンジ色の発光体が、カーッと上空から近づいて来たんです」

　車のハイビームにしては位置が高すぎ、星にしては低すぎる。飛行機のライトとは色も違っており、点滅してもいない。ジャンボ機のジェット噴射の炎よりも鮮やかな橙《だいだい》色で、パチンコ店のサーチライトとも光り方が違っていた。

　十年前と変わらず、現在もその道路沿線にはパチンコ店どころか、ネオンを掲げる店などもない。近場にある施設はアクセスが不便なことで有名な火葬場だけである。

　近年、ドローンがＵＦＯと見間違いされたニュースがあったが、その光はドローンの可能性はないか？

「ドローンが軍から一般市民に開放されたのは二〇一〇年なので、時期が合わないですね。あれは〈未確認飛行物体〉と呼ぶしかない発光体でした」

車をまばゆく照らして飛び去る光群を、Z氏はデジカメで数枚撮影していた。

X氏は、得意げなZ氏から撮影した画像を見せてもらった。

「だいたいは光がフレアを起こしてボケボケだったんですが、一枚だけ、CGでもこんな風に合成しないだろうってくらいにベタなそろい踏み写真が撮れてました」

それはオレンジ色の発光体が空を舞い、路上に頭でっかちの白く光るエイリアンが直立しているという、役満のできすぎた写真であった。

X氏が引っ掛かったのは、その画像の中で彼らの車の前方数メートル先に立っていた人型をした発光体だった。

「おい、そこにこんな人いたっけか。俺は見た覚えないぞ?」

それを〈人〉と言っていいのか迷うところだった。その伸びた頭と異様に短い手足というルックスは、いわゆるグレイ型宇宙人とも異なっていた。

襲来した光をZ氏が撮影していたとき、X氏も横で見ていたが、道路照明の下には誰もいなかったように思った。

「Zの奴は撮るのに夢中だったので、覚えていなかったんです。〈写真に撮れてんだから、きっといたんだろ〉と言って、彼は宇宙人の実在を確信していました」

Z氏は〈スクープだから、報道各社に高く売る〉などと言い、非常に興奮していたという。

その当時、二人とも〈エイリアンめいた白い人〉を肉眼で見てはいない。単に、頭の伸びた光る人のような物をデジタルデータで確認したのみだ。それゆえ、彼らは翌日以降もその件を覚えていられたのだろうか。

「その旅行の後、Zと連絡が取れなくなったんです。大学にも来ていなくて」

連絡してもZ氏は電話に出ず、留守電を入れても連絡してこなかった。

「マメな奴だから、一両日中に返信がないのはZらしくなかった。何かあったのかもしれないと不安になって……俺、下宿まで様子を見に行ったんですよ」

当時は学生相手の賃貸ではプライバシー管理が緩く、X氏の訴えに大家はすぐにZ氏の部屋の鍵を貸してくれた。

大家の立会いの下でドアを開いたとき、何日も留守にして閉め切られていたような、熱気と湿気のこもった空気がムッと外に出てきた。

「ワンルームの部屋でしたが、Zはいなかったんです」

お湯を入れたまま放置されたのだろう、麺ののびきったカップラーメンがミニテーブルの上に置かれていた。

「カップの蓋が剥がれていて、割りばしが割ってテーブルの隅に置いてあったので、Zがカップラーメンを食べようとしていたとき、来客があったのだと思いました」

そして、食事も疎かに来客と共にどこかへ出かけたのだろうか。

Z氏のショルダーバッグが畳の上に転がっていた。バッグの中を探ると、彼愛用の革の財布と折りたたみ式の携帯電話が入ったままになっていた。

「東海地方へ旅行した際、Zが持っていたデジカメも、そのバッグの中にありました」

だが、肝心の画像データはそこから失われていた。

「部屋に彼のパソコンもあったんですけど……どういうわけか初期化されてて、ただの箱になってました」

Zは失踪した公算が高いと思い、X氏は交番に相談しに行った。

しかし、部屋に血痕など争った形跡もなかったため、成人男性であるZ氏の失踪は、ありふれた家出扱いされてしまった。

警察の対応は終始鈍かったという。

「写真が諦めきれなかったので、データ復元業者にデジカメを預けてみたんです」

あの、橙色の光の下にたたずむ白いエイリアンを、X氏はもう一度確認したかった。安くない金を払っただけあり、戻ってきたZ氏のデジカメを確認すると、例の山道を通る前日に名古屋で撮った写真が全て復元されていた。

謎の光を見た日、静岡県内で撮った写真も復元されていた。期待しながら画像データを一枚ずつ確認していくと、あの夜、例の道で撮った写真だけが綺麗に消え失せていた。

「UFO研究家の間でよく言われる、MIB（メン・イン・ブラック）事案みたいだと思いました」

MIBとは、UFOや宇宙人に関係する証拠を入手すると、証拠隠滅のため黒衣の男が訪れるという伝説である。一九九七年に伝説と同タイトルの映画第一作が公開され、MIBの概念は広く一般に周知されることになった。

「関係あるかはわからないけど、Zが失踪してしばらく経ったときに、意味深な出来事があったんです」

Z氏が失踪してからというもの、大学の構内や駅のホームなど、X氏は人が集まるところでZ氏がいないか見回す癖がついていた。

その日、X氏はZ氏の住んでいた下宿アパートへ行き、部屋の前で通信を試みた。

〈UFO、宇宙人、いるのなら来い。Zをどこへやった、早く返しやがれ！〉

そのように、何度も強く願ってから顔を上げてみても、空には夕陽に染まった雲が静かに流れているのみだった。

徒労感を覚えつつ、X氏は駅に向かった。Z氏の下宿から最寄り駅まで、坂道を十分ほど下る。夕刻ゆえ、帰路につく学生や社会人がぞろぞろと坂を上って行く。帰宅する人々の中にZ氏がいないか視線を巡らせながら、半ば坂を下ったときだった。

通りすがりの男がX氏に話しかけてきた。

「空ばっかり見てると危ないよ」

見たこともない顔の中年男だった。

「もっと、足元を見た方がいいんじゃないかなあ」

ねっとりと優しく言って、男は踵を返した。

なんだこいつ、変な奴だな。

文句を言おうと振り返ったところ、その男は妙に足が速く、姿が見えなくなっていた。

「そのとき、あれっと思ったんですよ。俺は駅に向かって歩いていたとき、上なんか見ていないって」

Z氏を捜すために、道行く人の顔を視認してはいたが、X氏は日本人男性の平均よりも背が高いのである。

その彼が通行人の顔を眺めたところで、顎が上を向くものではない。

だとしたら、その男はなぜ〈X氏が空を見ている〉と言ったのだろうか。

その人は黒ずくめの服を着ていたのではと尋ねたところ、X氏は否定した。

「いや、黒くはなかった……と思うんですけど、あれ、何でだろう。見たはずなのに、そいつの顔も、服装も思い出せない」

当惑するX氏に、私はかける言葉が見つからなかった。

失踪から十年以上が経過した現在も、X氏はZ氏と再会できていない。

合理的解釈VS・非合理的解釈

こちらは静岡在住のミュージシャン、麻耶さんの話である。

不思議な体験をお持ちではないかと水を向けると、彼女は少し照れながら語ってくれた。

「中学生の頃、私、幽体離脱にはまっていたんですよ」

肉体のしがらみを脱ぎ捨てて、自由に空を飛べたらいいな。

そんな気持ちで麻耶さんは幽体離脱のトレーニングを始めた。

「やり方はオカルトサイトで調べて、一番メジャーだったローリング法にしました」

ローリング法とは、人為的に金縛り状態を起こし、体を回転させていくことで魂を抜く方法だそうだ。

麻耶さんはネットで得た知識を忠実に実行し、毎晩のように幽体離脱の練習をした。

ところが、金縛りは自由自在に起こせるようになっても、そこから先のステップになかなか進めなかった。

そんなことを数か月ほど続けていたある晩に、麻耶さんは幽体離脱実験を終了することに決めた。

「幽体離脱はある！　って信じたかったですけど、これだけやってダメだと悲しいので、区切りを付けようと思ったんです」

その決意が功を奏したのか、その晩は順調にステップを踏むことができた。

金縛りが起きそうになったところで、〈えい！〉と気合を入れながら、体を回転させる。

何度か〈えい！〉を繰り返していると、自分がズレたような、急に身が軽くなった感覚があった。

このように、覚醒状態から意識が連続していることから、幽体離脱は明晰夢（夢の中でこれが夢であると自覚し、意識的に行動が自由になる夢）とは異なるといわれている。

やった、ついに抜けた！　と思ったが、幽体となった自分がまだ肉体に引っかかっているらしく、完全には抜けきらない。

そこで、彼女は二段ベッドの梯子を両手でつかみ、〈えい！〉とよじ登るようにして肉体から抜け出した。

すごい、ベッドに私がいる。横たわる私を、私自身が見ている。

麻耶さんは感動したが、間もなくするべきことを思い出した。

参考にしたオカルトサイトによれば、幽体離脱が成功したか否かを確認するため、勝手知ったる自室内にある物を見てまわると良いという。

彼女は二段ベッドの手すりを持って上半身を起こし、ベッド脇の壁に貼った受験用の暗記ポスターを眺めた。

豆電球の灯る下で、ポスターに書かれた暗記文が、一文字一文字くっきり見える。

受験用ポスターの横には、彼女が好きな国内バンドと海外アーティストのポスターを並べて掲示してあるはず。

見れば画鋲を刺した位置までも記憶の通り正確にポスターが貼りつけられていた。

「やった、成功だと思いました。失敗というのは〈幽体離脱の夢を見ている〉ということで、その場合は現実の物の配置と幽体離脱したと思って見た物の配置が異なっているというので」

幽体離脱に成功したのなら、やりたかったことがある。

「このまま部屋の外に出て、夜空を飛んでみようって」

幽体であれば物質の束縛を受けるはずもない。家の壁すら抵抗なく抜けられるだろうが、彼女は幽体離脱初心者である。もしも通り抜けられず、頭が壁にぶつかったら痛そうだという恐れがあった。

「透明な窓ガラスなら、不透明な壁より通り抜けやすいと考えました。学習机の前に出窓があったので、二段ベッドからまずは机に飛び移ろうとしたら」

床一面が、もくもくと白い煙に覆われている。視線を床に向けたとき、彼女の耳元で誰かが言った。

〈お前なんか死ねばいいのに〉

これは幽体離脱ではなく単なる夢、自室で幽体離脱に成功したつもりの夢を見ているのだと思い、彼女は落胆したという。

そのとき、彼女に〈死ねばいいのに〉と言った声は何だったのか。

「金縛りに付随する幻聴です。それこそが、夢を見ていた証です」

夢とは違い、覚醒時から意識が連続して途切れる隙はなかったはずだが。

「ですから、幽体離脱願望が強いあまり、脳が〈覚醒時から意識が連続して途切れていない〉という夢を私に見せ、これが現実であると錯覚させたのですよ」

そして、部屋の床が白く煙って見えないことにも、彼女は合理的説明を付けた。

「私、最後の幽体離脱実験に取りかかる前に、床でU戯王カードのデッキを組んでたんです。それをバラバラに床に置いたままにしたので、私の脳は夢の中でいつも見ているポスターは再現できても、複雑に並べられたU戯王カードの順番までは記憶できなかったんですね」

その日、絶対に幽体離脱を成功させたいあまり、夢の中で記憶の限りに自室を再現したが、カードの配置は覚えていなかったので、もくもくと白い煙を出すことでごまかしたのだと麻耶さんは推測している。

「だから、これは脳と肉体の実験にすぎないので、何も怖いことなどないのですよ」

そう結論付ける麻耶さんだが、彼女の話を聞きながら、私は違うことを考えていた。

彼女は〈死ねばいいのに〉と言われた時点で夢であると断定してしまったが、実は本当に幽体離脱に成功していた可能性はないのだろうか。

オカルトサイトに書かれていることを信じるならば、幽体離脱の判定には条件が幾つかある。

〈意識が覚醒時と離脱時で連続していること〉

〈室内で寝転んだ状態から離脱がスタートすること（明晰夢では、本来ならば自室にいるはずが、それ以外の場所で離脱していると感じることが多いという）〉

〈部屋の中の物が、床のカードを除き正確に再現されていること〉

以上をふまえると、彼女がそのとき失敗したとは言い切れない。

離脱に成功していたならば、そのとき彼女の肉体は幽体が抜けた無防備な状態になっている。

だとすると、床に集まっていた白い煙は、死体に群がるハゲタカの如くに、生きていながら魂のない肉体を狙って集まった霊どもで、幽体の彼女が死ねば肉体を自分の物にできると思い、〈お前が死ねばいいのに〉と、彼女の幽体の耳元で話しかけたのかもしれない。

一応の筋は通っていると思うが、幽体離脱願望を卒業して落ち着いている彼女の前で、わざわざ非合理的な説を開陳するのは遠慮しておいた。

モテる

素晴らしい美人が付き合ってほしいと言ってくる。
承知すると、女の右手がぽたりと落ちる。
間をおかずに左手も落ちる。
ふるいつきたくなるような、こぼれんばかりの乳房もずるり、ずるりと落ちる。
女が右足を失い、倒れるようにして地面に体を投げ出す。
すらりとした左足がごろりと体を離れる。
手足のない薄い体でうねうねと這ってくる姿は、まるで蛇だ。

そんな夢を五日連続で見た翌朝、仕事が休みだったので洗車でもしようと車を見ると、タイヤとタイヤハウスの間におつまみの鱈のような長い物が挟まっている。
引き出してみるとぱりぱり剥がれるそれは、轢かれて日にちが経ち、平べったく乾いた白蛇の死骸だった。

自分の知らないうちに白蛇を轢いていたのだ。
白蛇は神の使いだといわれるのを思い出し、庭に穴を掘って丁重に埋めてやった。
埋葬してからというもの、ぱたりとあの夢を見なくなった。

ハサミ女

　昨年のこと、主婦の広恵さんはママ友グループの影響で手芸を始めた。

「お裁縫なんて高校の家庭科以来だった。裁縫なんて面倒だなぁと思ってたのに、やりだしたら面白くてハマっちゃった」

　広恵さんの息子はまだ小さいが、この先小学校に入学すれば、雑巾や体操着袋などをたくさん縫ってあげられる。もっと腕が上達すればオリジナルデザインの洋服も作れると思うと、やりがいを感じた。

「趣味と実益を兼ねるハンドメイドはいいことずくめでしょう。やるからには本腰を入れて、周りのみんなより上手くなりたいって思ったの」

　手芸に夢中になった彼女は、基礎知識をスマホで学び、新たに裁縫道具を一式買い集めるなどした。

「主婦が趣味に使えるお金には限りがあるんで、主にフリマで未使用品や、綺麗な中古品なんかを選んで集めてた」

そんな折、近所でフリーマーケットが開催されると知って、彼女は手芸用品を仕入れに行くことにした。

「リアルのフリマにはあまり期待してなかったけど、行ってみたら子供が好きそうなはぎれがけっこうあって、見てるだけでも楽しかったな」

ふと立ち止まったブースで、広恵さんは運命の出会いをした。彼女が惹きつけられたのは、一丁の断ちバサミ。

「ラシャ切りハサミっていうのかな、すごく綺麗な形の和風のハサミでね、大量生産品にはない繊細な美しさがあったの。職人さんが作ったアンティーク物かなと思った」

ブースの主である老女に声をかけ、許可を得て試しにハサミに指を通してみた。

「百円ショップで買った物とは雲泥の差でね。指がハサミの柄のカーブに気持ち良くフィットするの」

シャキシャキ、とお試し用のはぎれを切ってみる。家にあるハサミよりも重量感があったが、それがよいアクセントとなってリズミカルに手が動いた。

「値段は七百円だった。少し高いなと思ったけど、あの切れ味を知ったらもう、ね」

フリマはこの日一日限りの開催だ。もともと不定期開催のため次はいつかもわからないし、次回このハサミが売れ残っている保証もない。

買って帰らなければ後悔する。

広恵さんは思い切ってハサミを購入することにした。

「これ、あなたがお使いになっていたんですか？　いいハサミですね」

包んでもらう際に声をかけると、店番の老女は小さな声でこう言った。

「私にはもう、用のない物ですので……」

フリマから帰宅した広恵さんは、購入した断ちバサミを早速使ってみた。

うん、いい！　このハサミ、モノが違う。

布を断つという動作そのものが、このハサミのおかげで楽しくすら感じられる。これが上質な物を使う喜びなのかと広恵さんは感動した。

だが、購入翌日から異変が訪れた。

「このハサミを使っていると、どういうわけかすごく眠くなってしまうの」

前夜とくに寝不足というわけでもなく、今まで手芸の最中に眠気を覚えたこともなかった。

「ハンドメイドは好きでやってることだし、手作業は単調なようでも、頭は活発にいろいろなことを考えてるから、眠くなることはないのに……」

強い眠気に抗えず、ハサミを右手に持ったまま、広恵さんはリビングのテーブルに突っ伏して眠った。

広恵さんは夢を見た。

「夢の中で、私は現実と同じようにテーブルに突っ伏して寝てるの」

すると、玄関のチャイムがピンポン、ピンポンと繰り返し鳴らされる。

「しつこく何度も鳴るんで、〈宅配かな、応対しなくちゃ〉と思うんだけど、全然体が動かないのね」

姿を見ていないのに、なぜか〈訪問者は女の人だ〉とわかったという。

そこで、自宅を舞台とした悪夢は唐突に終わった。

変な夢を見たくらいに思っていた広恵さんだが、購入して三日目も、ハサミを手にしたところ耐え難い眠気に襲われた。

このときも夢を見たが、夢の中で彼女は〈自分が夢を見ている〉ことを知っていた。

「録画を再生してるみたいに、そっくり同じ展開の夢を見たのね。玄関のチャイムが鳴らされる回数まで同じだった」

このときもまた、夢の中で〈女性が訪ねてきた〉と直感した。

ここで終わると思いきや、この日の夢には続きがあった。

テーブルに伏せた広恵さんの耳に、訪問者がドアノブをガチャリと回し、ドアを開ける音が聞こえてきたのだ。

「えっ嘘、玄関に鍵をかけてるのになんで？ って、夢だとわかっていても焦っちゃった」

その日はちょうどそこで目が覚めた。

ハサミを購入してから四日目のこと、広恵さんは濃厚なブラックコーヒーをお供に手芸に挑んだ。

カフェインがお守りとして眠気を掃《はら》ってくれるはずが、気づけばまたも夢の中に移行していた。

「日を追うごとに眠気が酷く強くなってきていて、夢の内容が少しずつ長くなっていってた」

繰り返し同じ夢を見た。

鳴り響くドアチャイム。施錠したはずのドアを難なく開く女。

テーブルにもたれ、うつ伏せの姿勢で動けない広恵さん。

この日の夢では家に侵入した女が玄関から廊下を通り、リビングの前までやって来た。

「見てはいないのだけど、女の全身像がイメージできた。顔は長い前髪で隠れて見えないんだけど、体型はスリムで朱色のワンピースを着てた」

なぜか急に、〈この人、嫌な人だな。関わり合いになりたくないな〉と感じた。

人付き合いに関して、広恵さんのこうした直感はよく当たる。

「あの女の目的はこのリビングにいる私だってわかった」

そこで広恵さんは目を覚ましたが、緊張から脇汗が肘まで滴り落ちていた。

だんだん夢見る時間が長くなり、女が少しずつ近づいてくるのがとても嫌だった。

「このままハサミを持っていたら、あの女と夢の中で会ってしまうと思った」

ハサミ購入後五日目、広恵さん宅のリビングを会場にして、ママ友たちのハンドメイド集会があった。日頃手をかけてきた作品を披露したり、テクニックを教えあったりして、皆で和やかな時間を過ごした。

「そしたら、お向かいの世理《せり》さんが、あのハサミを見てとても気に入って、譲って欲しいと言うの」

試しに布を切ってみた世理さんが〈ただとは言わない、このハサミをあなたの言い値でいいから是非譲ってほしい〉と言うので、広恵さんは渡りに船とばかりにハサミを五百円で売り払った。

それから一週間後、広恵さん宅の近くで救急車のサイレンが聞こえてきた。

「息子は救急車が好きだからはしゃいでたけど、サイレンの音が異常に近くて私、気になったのね」

彼女が様子見に玄関を出ると、救急車は家の前の道路、つまり向かいの世理さん宅に停車していた。

救急隊員がストレッチャーに患者を乗せ、玄関から出てくる。

「世理さんだった。担架に少し血がついていて」

顔面蒼白になった世理さんは、ぎゅっと目を閉じたまま救急車に乗せられていった。

「彼女と家が一番近いのは私だし、次の日にママ友を代表して病院にお見舞いに行ったの」

病室で、世理さんは左手に包帯を巻いて横になっていた。

何があったか尋ねたところ、世理さんは黙って巾着袋を差し出した。

中身の硬さに袋の中を覗くと、中にはあのハサミが入っていた。

「このハサミ、あなたに返すわ」

広恵さんからハサミを買い取った次の日、世理さんは夢を見たのだという。

「ハサミを使っていると、毎回すごく眠くなってね」

自宅のローテーブルでハサミを持ったまま寝ていると、誰かがドアホンを何度も押してくる夢だという。

あっ、私と同じ夢。それを聞いた広恵さんは、体からどっと冷や汗が噴き出すのを感じた。

夢の訪問者は女で、長い前髪を垂らして顔は隠れているが、ほっそりした体型を強調するような、朱色のワンピースを纏っていた。

女は施錠されたドアを開け、世理さん宅の玄関から廊下へ移動した。

ここまでは、広恵さんが体験した四日目の夢と同じ展開だった。

「五日目に、その女がリビングのドアの向こうに立つようになって」

世理さん宅ではリビングのドア上部にすりガラスをはめ込んであり、ドアの向こうに立つ女のシルエットがぼうっと霞んで映った。

「テーブルに顔を乗せて寝てるから直接ドアは見えないのに、夢だからかな、女の姿がわかった」

六日目、女は図々しくもリビングのドアを開け、眠る世理さんの真横に立った。

「その女、ものすごく私の右手を見てた。それで、このハサミに関係のある人じゃないかって思った」

七日目のこと、世理さんは夢の理由を突き止めようと思った。

「いつも夢に出てくる朱い女に、どうしてこんな夢を見せるのか、ハサミと何の因縁があるのかを訊いてやろうと思った」

あの朱色の服を着た女と対峙するために、世理さんはわざとハサミを握って眠りに落ちた。

見慣れた夢のリピートに辛抱強く耐えつつ、女がリビングに入ってくるのを待つ。

昨日見たシーンまでが再生され、朱色の女が眠る自分のすぐそばに立った。

あなたはいったい、誰。何が目的なの。

訊きたいことは多々あれど、世理さんの体はテーブルに縫いつけられたように動かず、声を出して問うこともできない。

女がふいにうずくまって、世理さんの左手に両手を重ねて乗せてきた。

右手ではなく左手ということは、女の狙いはハサミではなかったのか。

次の瞬間、女の伸びた爪がぐっと肉に食い込み、世理さんの左手が握り潰されるように痛んだ。

「あ痛たたたたたた、痛いっ、放してぇーっ‼」

激痛のあまり悲鳴が漏れ、反射的に右手が動いた。

女を突き飛ばそうとした右手が空を切る。

「そしたら、右手に握っていたはずのハサミが、グッサリ左手に突き刺さってた」

悲鳴を聞きつけた世理さんの娘は、テーブルに刃物で刺し止められた母親を見て大いに驚き、ハサミを抜こうとした。

「それが、ハサミの刃が天然木のテーブルに深く食い込んでいて、私は痛くて無理だし、娘の力でも抜けなくて」

その結果が、昨日の救急車だったという。

「状況から私の自傷行為ってことになってて。夢遊病の気はないかって訊かれた」

これまで、世理さんには夢遊病の病歴はなかった。

たとえ夢遊病で体が勝手に動いたのだとしても、ハサミの刃を左手に貫通させたのみならず、テーブルの天板をあと少しで突き抜けそうなくらい深く穿《うが》つことなど、小柄で非力な世理さんには不可能に思われた。

「そういうわけで、ハサミ、あなたに返したいの。病院で消毒洗浄済だから、綺麗よ。安心して？」

すさまじい出来事を淡々と語る世理さんの凄味に打ちのめされて、広恵さんはハサミを持ち帰らざるを得なかった。

困ったのは広恵さんである。

人体や木材を酷く損壊したハサミには、相応の刃こぼれも歪みもなかった。まるで新古品の如くに美しく機能的な外見が保たれていた。

「私の夢の件はみんなに秘密にしてるの。ママ友グループにバレたら無視じゃ済まないだろうから」

世理さんの血を吸い骨を砕いた忌まわしいハサミなど、一刻も早く手放したかった。

「でも、なんだろう。全くの勘なんだけど、このハサミは捨てちゃダメで、誰か人に譲らなくちゃならない気がした」

広恵さんはハサミを売ることにした。

リアルのフリマは対面販売ゆえ、悪夢憑きのハサミを顔の見える取引で押し付けるのは気後れがした。

「だから、フリマアプリに出したの。あまり安いとワケありかと怪しまれて売れないから、〈やや傷や汚れあり〉の中古品として、それなりの値段で出品したら」

即日売れたそうである。

フリマアプリの匿名配送(*)を利用したので、どこに住む誰があのハサミを購入したのか、広恵さんは知らない。


(*)売り手も買い手も氏名、住所などの個人情報を非公開で取引できるサービス

理不尽に

引っ越し先のアパートで、角田君は夜寝る前にいつも〈理不尽に〉と囁かれて困っていた。

「そんなに大きな声じゃないのに、妙にはっきり聞こえるのが気になったんです」

毎日ではなく数日に一度、不定期にその声は聞こえた。

「俺、実習やら何やらで生活が不規則で、寝る時間も日によってまちまちなのに、俺が寝入りそうなときを選んでその声がするんですよ」

その声は、上や隣に住む人の声ではあり得ない明瞭さで、耳元で聞こえるのだという。

ある日、帰国子女の友人が終電をなくしたと言うので泊めてやると、布団に入ったときにいつもの声が聞こえた。

〈理不尽に〉

思わず友人と顔を見合わせて目が合ったので、声が聞こえたのは自分だけではないとわかり、角田君は飛び起きた。

「この声、今聞こえたろ？　いつも寝る前に〈理不尽に〉って言ってくるんだよ!!」

するると、友人は首を傾げてこう言った。

「いや、〈理不尽に〉じゃないんじゃないか」

それでは何と言っているのかと問うと、友人はネイティブの発音で言った。

「それ、defusing meだと思う」

角田君は英語が苦手だった。どういう意味なのか尋ねると、友人は薄く笑った。

「〈避難させて〉かな」

「冗談じゃねえよ！〈避難したいなら家賃折半、金払えボケ!!〉っていうのを、英語で言って下さい、お願いします」

そのように友人に依頼したところ、その夜を限りに声は聞こえなくなったという。

サウンド・オブ・サイレンス

夏休みに地元の友人と久しぶりに会い、二人でどこへ出かけようという話になった。

あまり金はかけたくないし、人込みに揉まれるのもうんざりだ。

無料で涼しくなれて、あまり人のいない場所はどこかと意見を出し合い、廃墟探索で意見の一致をみた。

それならおあつらえ向きの物件を知っていると友人が言う。

そこは数年前に廃業した個人病院だった。

スマホをナビ代わりに、友人の車に乗って出発。

街中の渋滞を抜け、すいている山道に入る。

友人宅から一時間弱、日が落ちる前に目的地に着いた。

夕陽に照らされた山の上の廃病院はどこか作り物めいて見え、ホラー映画のセットのようで現実味が感じられなかった。

「お、いいねえ。雰囲気あるね」

「俺、写真撮りたいわ。イ●スタ映えしそう」

本来の駐車スペースが廃材置場になっているため、車は路上に停めた。これで建物へ行く道は完全に塞がれてしまうが、もはや患者が来院することもないのだからかまわない。

いざ行かんと車を降りたところ、ドアを閉める音がしない。

半ドアか？　ドアを開けてから閉め直す。

腕のスイング具合からして正常に閉じたはずが、ドアの開閉音は聞こえてこない。

おい、何か変だぞ！

運転席のドアを開いた友人に異状を伝えようとしたが、ただ口が開閉するだけで声が出ない。

同じように車を降りた友人も、こちらに顔を向けて口をパクパクさせている。

喉の限りに叫び、発声している感覚はある。なのに、それが音として耳に届かない。

友人はまだ陸に上がった魚のように口を開いたり閉じたりしている。心底間抜けな表情だが、自分もそうなのだから笑えない。

汗ばんだ肌を生温い風が撫でていくが、夏山の木々の葉ずれの音も、鳥や虫の声すらもない。

これまで外界が静かな経験ならば、幾らでもあった。

しかし、その場所は生物なら当然発する呼吸音や心臓の鼓動までが聞こえず、あらゆる音が死に絶えたかのようだった。

音も無く冷や汗が背中を滴り落ち、身震いする。

申し合わせてもいないのに、二人はほぼ同時に車に乗りこんだ。

乗る際にもドアの開閉音は聞こえなかったが、計器に半ドアの表示が出ないことから、ドアは正常に閉まっていると判断。

エンジンキーを挿し、右足でブレーキを踏みながら回転させてもエンジン音は聞こえない。不便だが、勘と習慣的手応えでキーから手を放す。

バックで駐車スペース跡地まで下がってから切り返し、無音に包まれながら一路、下界を目指した。

山道を半分ほど通過した時点で、ようやく聞き慣れたエンジン音が耳に届き、二人はそろって安堵のため息をついた。

それでも、暗い山道を走る間は無言であったが、街の明かりが見えてきたとき、はじめて二人は声を上げた。

「何だったんだ、さっきのあれは⁉」

「験直しにコンビニでも寄るか」

「そうだな、なんか悪いモンが憑いてても、人がいるところにいけば、そこで落ちるって聞いたことある」

道沿いにあったコンビニの駐車場に車を停める。

「そういえば、せっかく行ったのに廃墟写真を撮りそこねたな」

明るいネオンと喧騒の下で、ぼやく余裕も出てきた。

いつもの習慣でスマホを取り出すと、録った覚えのない録音データが保存されている。

車中で、その録音を再生してみた。

〈半ドアか？〉

〈おい、何か変だぞ！〉

〈ふざけてんのか、お前の声聞こえねー〉

〈えっ、これマジ？〉

〈ヤバイよ、マジマジ？〉

〈うわ〜、あり得ねえ、怖ぇ〉

そんな調子で、廃墟で車を降りてから再び乗りこむまでの会話が、二人のスマホに録音されていたという。

花火男

夕食を終えた漣さんが、ちびちびと晩酌の酒を啜っているときだった。

どぉん、どぉん……ぼ、ぼ、ぼ、ぼ、ぼ、ぼ、ぼん。

外から花火を打ち上げるような音がする。

時刻は夜九時になろうとするところ。

地元の花火大会は二週間ほど前に終了したのに、なぜまたこんな音がするのだろう。

しかもこの日は、日本列島に台風が接近して各種警報が発令されている。

そんな暴風雨の中、誰が花火など打ち上げるものか。

たとえ大玉に着火したところで、この雨では火薬はすぐに湿り、使い物になるまい。

それに、不要不急の外出を控えなければならぬ状況で、告知もされていない突発的な花火の見物客もおるまい。

そんなことを妻に話しながら盃をぐいっと開け、お代わりを注ぐつもりが徳利は空になっていた。

どぉん、ぱぁん……ぱ、ぱ、ぱ、ぱ、ぱぱん。

花火の音は散発的に続いている。

どこの物好きがこんな荒天に花火をやっているのだろう。

台風の中で花火がどう見えるのか、なんとなく興味が湧いた。

酒も切れて暇なことだし、とりあえず二階のサンルームから外を見てみる。

上空の景色に、漣さんはあんぐり口を開けてしまった。

家からほんの数メートル離れたところに、それはいた。

激しい雨の中、宙に男が直立している。

絶えず雨の流れるガラス越しであっても、それがまだ年若い男で、タンクトップと短パンを着ているのが見てとれた。

翼やマント、揚力発生装置の類など見当たらない。それでも、この風雨の中、髪もたなびかなければ服も濡らさずに男は浮いている。

そして、男の口元が歪んで丸められた後、それが起きた。

どぉん、どぉん……ぽぽぽぽぽ、ぽぽん。

花火の打ち上げ音に似た轟音が、宙に浮く男の口から放たれた。

音真似を極めたとしても、人間の声帯から辺り一帯の空気を震わせる勢いの轟音が出るものか。

どぉん、どどどん、と爆音を放つたびに、男はスッと水平移動した。

叫びながらどんどん男は遠ざかって行き、ついには視界から消え失せた。

雷神風神の一種かとも思ったが、それにしては寝巻のようなラフな服装がミスマッチで、威厳が全然感じられない。

「妖怪か神様か知らないが、人前に出るならそれなりの格好ってものがあるだろうに、最近の者はだらしがないな」

漣さんは一階にいた妻に見たことをありのままに報告したが、普段の行いがよくないせいか、〈酒の飲み過ぎによる幻覚でしょ！〉と一刀両断されたという。

祟り歌

山奥の隠れ家旅館に泊まった夜、温泉に浸かっていると、どこかから歌声が聞こえてきた。

歌詞は不明瞭で聞き取れないが、女性の声で歌われる切なくメロディアスな旋律が耳に快く、とてもいい歌だと感じた。

慌てて浴槽から飛び出し、歌が聞こえているうちにとスマホの音声録音ボタンを押した。

それから一分もたたないうちに、後を引く余韻を残して歌は終わった。

部屋に戻って〈少しは録れたかな〉と録音データを再生してみると、雑音だらけでとても聞ける状態ではなかった。

せめて耳コピをと思ったが、どういうわけかメロディが全く思い出せなくなっていた。

その経緯をチェックアウトの際に愚痴《ぐち》ると、受付の老人は顔をこわばらせた。

「お客様、良かったですね。あの歌を覚えていられたら今頃、命はありませんよ」

それはどういうことですか。

あれは誰が歌っているのですか。

尋ねても老人はアルカイックスマイルを返すのみで、何も答えようとはしなかった。

もう一度、本格的に録音機材を持参してあの宿を予約しようとしたところ、電話口で宿泊拒否された。

なぜか理由を尋ねたところ、あの老人の声が〈当館にて死人を出したくありませんので〉と答えたという。

ラストカット

終電を降りて徒歩で帰宅する際、駅のロータリーに散らばる血痕を見た。

誰かがここで鼻血でも出したのかな。

血を避けながらいつもの交差点を歩いていると、横断歩道の白い塗料の上にも血痕がばらまかれている。

鼻血か怪我か知らないが、ずいぶんまき散らしたものだ。

角を曲がって川沿いの道に出ると、そこにも血液が延々としたたっている。

血痕の新しさから、怪我をした人がすぐ前を歩いている可能性に思い至るが、深夜ひと気のない道を歩むのは自分一人。時折、車が通るくらいで前方に人影はない。

歩道を示す白線をなぞり、はみ出してはまた戻って、ふらふらと血痕は続く。

この一本道の先には安アパートが立ち並ぶ寂れた住宅地があるだけで、病院はまるきり逆方向である。駅から続く血痕の主は徒歩で移動しているようだが、なぜ病院へ行こうとしないのか。

こんなに血が止まらないと、普通は病院に行くものだろう。出血量が派手なだけで、実は大した怪我ではなく、とにかく自宅にたどりつこうとしているのか。

駅から十分は歩いているのに、まだ真っ赤な血が落ちている。鼻血ならとっくに止まる頃合いではないか。怪我だとしても、出血部分の上部を縛れば血は止まるはずだ。この人は、どうして止血しないのか。

帰り道を先導するかのように、鮮血の痕が延々と続く。

大粒の血痕は点描のように道を彩る。駅で見かけたものより、飛沫の直径が増しているのに気づいて慄然とする。

ここまで流れ出した血の量を想像すると、薄気味悪くなってくるほどだ。

はたと、思う。

こんなに出血した人が十五分も元気に歩けるわけがない。

そうだ、これは通行人を驚かせようと、いたずら者が垂らした血糊ではないか。

そう思いたいのに、コンクリートにこぼれた赤い液体、そのこっくり深い赤色はどうしても本物に見える。

否、本物だとしても人間の血とは限らない。

動物の血の可能性に思い至る。誰かが生き物を殺して、その血をわざと垂らして歩いたのか。

しかも、その血痕は自分のアパートの入り口に続いている。

そんな異常者と出くわしてはたまらない。用心しながら階段を上がる。

疲れた体でステップにランダムに撒かれた血を避けつつ上がると軽く息切れがする。

駅から続いた血痕は、二階の自宅前でふっつり消えていた。

俄《にわか》に鼓動が早まった。

これは、自分に宛てての嫌がらせか？　朝になったら管理会社に電話しなければ。

それとも、今すぐ警察に連絡した方がよい？

鍵を開けて一歩入り、明りを点けると玄関に血だまりが広がっている。

首筋にぽたりと一雫。

見上げると天井から全身血まみれの女が落下してきた。


朝、目を覚ますと玄関で靴を枕に眠っていた。

血を浴びてぐしょ濡れになった人が覆いかぶさってきて気絶したように思ったが、着衣を改めても血痕はなかった。

玄関はきれいなもので、ドアを開けて外を見ても血の一滴すら落ちていなかった。

悪夢だったのだろうと思った。

昨日の出来事のどこからが本当でどこまでが夢なのか、考えながら出勤の支度をしていると電話が鳴った。

元彼女の電話番号からだった。

結婚観の違いで別れたのだったが、一年ぶりにかけてくるとは何の用だろう。

電話に出ると彼女の声ではなく、見知らぬ男性の声が聞こえた。

その男は警察官だと名乗り、彼女の死を告げた。

今朝、彼女はホテルで死んでいるところを発見されたという。

状況から自殺の可能性が高いが、彼の名前と携帯番号が遺書に記されていたので連絡したと警察官は言った。

そういえば交際中には、電車で遊びに来る彼女を駅に迎えに行き、よく二人で手をつないで家までの道を歩いたものだ。

死の瞬間、彼女は自分のことを慕っていて、最後に神秘的な方法でお別れを言いに来たのかもしれない。

彼女の良かったところが懐かしく思い出され、胸が一杯になった。

「遺書には、自分のことを何か書いてあったでしょうか?」

そう尋ねると、警察官に事務的な口調で〈それはあなた、訊かない方がいいんじゃないですか〉と撥ねつけられた。

「あの、彼女はどんな死に方を?」

警察官は教えてくれず、それについては数日後、共通の知人から半ば責めるようにして知らされた。

バスタブに浸かって手首を切った彼女はなかなか死に切れず、動脈に当たるまでやみくもに腕から首までをザク切りにしていた。

現場は血の海だったという。

それを聞いた途端、記憶の底に沈めていたはずの負の思い出が、血の臭いと共に脳内で再現された。彼女はストレスを感じるたびにリストカットやアームカットを繰り返し、頼んでも止めてくれなかったものだ。

いつかこんな日が来るかもしれないと思っていたが、とうとう逝ってしまったのだな。

〈あの娘は、あんたに見捨てられたから死んだんだ〉

そう言われて、知人から絶交宣言を受けた。

知人のことはどうでもよかった。

思うのは彼女のことだった。

どうすればよかったのか。

いったい、何をしてやることができたのか。

あのとき、天井から抱きついてきた血まみれの人は彼女だったろうか。

お別れに会いに来てくれたのか、恨んで呪いを振りまきに来たのか。

天井から落ちてくる女の顔を見たはずが、おびただしい出血が表情を覆い隠して、彼女の真意がわからない。

地図にない家

「よく、みんなで心霊スポットに行くと、そのうちの一人がおかしくなるって話があるじゃないですか。僕、それを体験したことがあるんです」

春咲君は大学生だった数年前の夏、友人に誘われて心霊ツアーに行った。

「同じ学年の仲間三人で、深夜に心霊スポットを四か所ほど回ったんです」

レンタカー料金を払ったのは仲間の一人である江夏君、コースを選定したのは仲間内でもオカルト好きで有名な冬竹君だった。

「僕はレンタカーのガソリン満タン料金を負担しました」

最初に運転手を務めたのは春咲君だった。

「ネットや何かで有名なスポットほど、どうということはなかったですね。行っても予習した情報を再確認するだけで面白みがないですから。訪れる人が多いとゴミやら落書きやらで汚されて、その場の持つ神秘性が台無しになってしまうんです」

第一のスポットでは特筆すべきことはなく、第二のスポットも空振りに終わった。

第三のスポットへ移動するにあたり、春咲君は運転手を江夏君に交代した。春咲君が助手席に移り、江夏君が運転席に座ると、冬竹君を後部座席の助手席側に乗せて、彼らの車は第三のスポットへ向かった。

「そうしたら、江夏のやつ変なことを言い出したんですよ」

運転中の江夏君が、バックミラーをチラチラと見て〈今日はヤバイかもしんない〉と悲壮感に満ちた声で言った。

「なんで？　って訊いたら〈バアチャンが来てるから〉って言ったんです」

この心霊ツアーの一年ほど前、江夏君の祖母は交通事故で亡くなっていた。

「お前んちの婆ちゃん、あの世の人だろ。どこに来てるんだよ」

春咲君がからかうと、江夏君は〈自分が車を運転していると時折、運転席の後ろに亡き祖母が座っていることがあるのだ〉と打ち明けてきた。

この三人の中で唯一〈見える〉のは江夏君だけだった。

「うわぁ、じゃあ俺の隣に、お前の婆ちゃん座ってるのかよ！　すげえな全然見えねぇけど!!」

オカルトファンの冬竹君がおどけた調子で言った。

「車の中に婆さんが出たら、江夏は安全運転を心掛けるんだそうで」

祖母の出現は危険が待ち受けていることを意味する。

これまでも、速度をゆるめなければ追突事故に巻きこまれそうだったり、飛び出した子供をもう少しで轢くところだったのを祖母の忠告のおかげで防げたのだと、江夏君はハンドルを握りながら熱弁をふるった。

第三のスポットは心霊スポット愛好者が多すぎて、生きた人々のにぎやかさに圧倒され、霊の存在など感じ取れなかった。

ここまでは成果が上がらなかった。

残すところは第四のスポットのみ。

運転手を冬竹君に交代し、江夏君は後部座席へ移動した。

「江夏が運転してないときでも、婆さんは彼を護りにまだ座っているという話で。冬竹は祖母と孫の絆に感動してましたが、僕は半信半疑でした」

スポットからの収穫がゼロでも、冬竹君は上機嫌でほくほくしていた。

「奇数人で行くと、霊が車の空席に乗ってくれるっていうんで、敢えて参加人数を三人にしたんだよ。江夏の婆ちゃんが乗って来てくれるとは、願ったり叶ったりだな」

その日の最後、午前一時過ぎに訪れた第四の心霊スポットは、人里離れた山奥の空き家だった。

「そこはわざとミステリーツアー的な感じに、俺と江夏には行き先が秘密にされていて。予備知識も一切なしで行ったんです。オカルトマニアの冬竹しか知らない、謎のマイナーなスポットでした」

山腹にある一軒家の前で、冬竹君は車を停めた。

「見かけは古びてましたが、けっこうな豪邸でしたね。アメ車が複数停められそうなデカい車庫もついてました」

車なしではとても生活できない山奥の屋敷は、金持ちの別荘なのだろう。春咲君はそう考えた。

「で、ここは何があったの冬竹センセイ。殺人、自殺、死体遺棄？」

「さあねえ、何だと思う？　中に入ったら教えてやろうかな」

唯一この家のバックグラウンドを知る冬竹君は、思わせぶりな態度をとった。

車をがら空きの駐車場に停めたところまでは順調だったが、トラブルが起きた。

〈車から降りたくない〉と江夏君が駄々をこね始めたのだ。

「江夏は酷く怯えていて、なんでも〈バアチャンが消えちゃった〉とか言ってました」

彼の亡き祖母は律儀な性格で、一度車に現れるや、彼が家の車庫に車を入れるまで、孫のそばで見守り続けるのだという。

「なのに、今夜は俺を護ってくれるバアチャンが消えてしまった。こんなことは今までなかったんだ」

守護霊を見失った江夏君は、小刻みに震えていた。

「一人だけ別行動なんて、お前それ、死亡フラグだぞ？　よくて病院行きだな」

怖がる彼をいじって参加を促す冬竹君だったが、車に残るという江夏君の堅固な意志は揺らがなかった。

「心霊アンテナのつもりで霊感のある江夏を連れていたので、見えない僕と冬竹で行っても無意味じゃないかと思ったんですが」

〈ここは霊感ゼロの俺らでも何か感じそうなくらい、すごいことがあったから大丈夫だ〉と冬竹君は言った。

お互い何かあったら、すぐ携帯に電話するという約束を交わし、彼らは二手に分かれた。

生え放題の雑草を踏み固めながら屋敷の玄関を目指す。

「ところでお前、家に入るとき鍵が掛かってたらどうする？」

春咲君の質問に、冬竹君はとんでもない返事をした。

「ハッ、そんなの窓ガラスを割りゃあいいじゃん。窓がない家はないだろ」

懸念通り、屋敷のドアは施錠されていた。

ダメ元でドアノブを回しても、ピッキング技術もない大学生に開けられるはずもない。

だしぬけに、春咲君は不安に襲われた。

「メジャーな心霊スポットには訪問者の痕跡がたくさんあったから、踏み荒らそうが何をしようが気になりませんでした。それは単に〈みんながそこでやってること〉を踏襲しているだけだったから」

最後のスポットとなる屋敷には、侵してはならないオーラのようなものがあった。

そこで何らかの事件が起きた後、興味本位の他人は立ち入っていないであろう閉塞感が、そう感じさせたのかもしれないと春咲君は言う。

「たとえるなら、その家に入るのは、綺麗に積もった雪を最初に踏むときのような高揚感と背徳感がありました。僕らには聞こえなかっただけで、そのとき既に家の元住人から〈帰れ〉と拒まれていたのかもしれない」

ドアノブをいじる春咲君の耳に、ガラスの割れる音が聞こえた。

有言実行の冬竹君が窓ガラスを割り、そこから手を差し入れてクレセント錠を回したのだ。

「やりやがったな！　お前これ犯罪だぞ」

「持ち主のいない家に、バカ正直に玄関からごめん下さいなんて言うことないぜ」

「バカ、セ●ムとかが生きてたらどうすんだよ、不法侵入で書類送検だ」

「ここは十年前から無人ですぅー。春咲は心配性だね」

冬竹君は軽口をたたいてウェストポーチからシャワーキャップとガムテープを取り出し、春咲君に手渡した。

廃墟侵入の際、靴を脱ぐとガラス片や釘で足を怪我する恐れがあるため、普通は靴ごと家に上がる。しかし、靴底の跡を床に遺せば侵入の証拠になることから、彼らはビニール製のシャワーキャップを靴の上から装着し、個人の特定を防ごうとしたのだ。

時刻は午前三時を過ぎていた。

いつもなら寝ている時間なので、春咲君はあくびが止まらなかった。

「他人の家をこっそり覗き見るドキドキはありましたけど、正直なところ期待外れでした。凶状持ちの家にしては血痕もないし、廃墟というには建物の状態も悪くなくて、少し古びた空き家程度で」

一方、冬竹君は居間に飾られていた写真立てをしげしげ眺めている。

「これ、江夏への土産にしようぜ！　あいつなら、この写真から何か霊的な物を感じとってくれるかも」

それは、夫婦が幼稚園児くらいの子供を抱いている家族写真だった。

冬竹君は写真をひらひら振りまわし、ハイテンションではしゃいでいる。

「一家三人、幸せな家庭が修復不能なまでに壊れてしまったのかと思うと、切ない気分になりました」

この屋敷に見るべきものはなかった。

家具や衣服が残されていたものの、ここで起きたストーリーがわからなければただの物にすぎず、怖がることはできない。

「そういえば、ここって何があった家なの？　成金の別荘みたいだけどさ」

春咲君の問いかけに冬竹君が口を開こうとしたそのとき、〈ジャッジャッ〉と外で物音がした。玉砂利を敷いた道を人が歩くような音だった。

「なんだこの音っ！　庭からか⁉」

一人で怖くなった江夏君が、後を追ってきたのだろうか。

そう思いかけて、春咲君は血の気が引いた。

「その家、昔は玉砂利を敷いていたかもしれないですが、僕らが歩いたときは雑草がわさわさ生い茂っていて、玉砂利を踏む音なんかしなかったんです」

ジャッジャッ、ザザザッ、ザザザザザッ……。

一人の足音ではなかった。

玉砂利の擦れるような音は徐々に大きくなった。

複数の人がこの家目指して走ってくるように聞こえる。

やはり家のセキュリティが生きていて、警備員が駆けつけたか。

逮捕されたら、住居侵入罪で退学放校、大学生活もおしまいだ。

それならまだ心霊現象の方がましだ、どうかそうであってくれと春咲君は祈った。

心霊好きな冬竹君が窓から庭に飛び降りた途端、足音が途絶えた。

その後、庭の方からぼそぼそと話し声が聞こえてきた。

冬竹君が来訪者と話をつけているのだろうか。

つい怖い方に物事を考えてしまったが、来るときに庭をくまなく照らしてみたわけではない。雑草が枯れて玉砂利が露出しているところがあったのかもしれない。偶然同じ時間に心霊スポットを訪ねるグループがいただけなんじゃないか。

考えにふけっていた春咲君が我に返ると、庭から何も聞こえなくなっていた。

「おい、冬竹ー？」

呼びかけても返事はなく、家の周囲は静寂に包まれている。

冬竹はどうしたんだ。まだ庭にいるのなら、なぜ返事をしないんだ。

春咲君はそこで初めて、ここは本当に怖いと思った。

「おーい、冬竹ぇ、なんで返事しないんだよ！」

窓を開けて庭に下りると、冬竹君が枯れ果てた生垣の前に立っている。

「おい、冬竹ってば！」

冬竹君はだらりと両手を体の横に下げたまま、微動だにしない。

「おい、ふ、ゆ、たけっ！　呼んでるだろうが！」

冬竹君はくるりと振り向き、奇妙に明るい声音でこう言った。

「もう、その子いないわよ」

「何言ってんの？　何もないから帰るぞ。眠いし今すぐ帰りたい」

言い終えた春咲君は息をのんだ。

快活な性格だった冬竹君が、これまでに見せたことのない暗鬱な表情で春咲君を睨みつけ、こう叫んだ。

「ガラス！　ガラスを割るの酷いです謝って下さい！」

キンキンと甲高い声で、わけのわからないことを言う冬竹君。

「お前どうしたんだよ、しっかりしてくれよ」

冬竹君の眼はこちらを見ているようで見ていない。きょろきょろ眼球をせわしなく動かし、焦点の定まらない目つきになっていた。

「ああっ、ガラス！　酷い酷い酷い！　謝って、謝って下さい‼」

はらはらと涙を流す冬竹君に、〈割ったのお前だろう〉と思いながらも、ごめんな、と頭を下げる春咲君。

「あいつが正気に戻ってくれるなら、僕の頭くらい幾らでも下げようと思ったんですが」

名画のモナリザみたいな微妙な表情で、冬竹君が口を開いた。

「私でよかった、もしお父さんが来ていたら」

と言うやいなや、冬竹君は身を翻して生垣の向こうにポーンと飛んでしまった。

慌てて春咲君が闇の先を照らすと、生垣の裏に地面がない。

切り立った崖になっていたのだ。

崖下にいるであろう冬竹君に何度か呼びかけるが、返事はない。

気を失っているのならいいが、死んでいたらと思うと気が気ではなかった。

〈救急車を呼ぼう〉という考えが頭をかすめたが、外部の人を呼べば彼らの所業が罪に問われてしまう。

困り果てた春咲君は、車に残った江夏君に連絡した。

「江夏に電話して助けを求めたら、あいつ、超怖がりなのに渋々来てくれました」

懐中電灯二本で江夏君に足場を照らしてもらい、春咲君は崖下にいる冬竹君の状態を見に行くことにした。

「心底怯えてる江夏にやらせるわけにもいかないから、それなら僕が崖を降りようと思ったんです」

崖には若干の傾斜がついていたので、軍手で雑草をつかみながら下降していくと、五メートルほど下に冬竹君が、半ば草葉に埋もれて倒れていた。

下に積み重なった枯葉や雑草がクッションになったのか、一見、骨折などの大きな怪我はないようだった。

「おい冬竹、大丈夫か、僕がわかるか？」

ぺちぺち軽く頬を叩くと、冬竹君は目を開けた。

まるで知らない人を見るような目でねめつけてくる冬竹君に、春咲君はホッとしたと同時にぞっとしてしまった。

「そのときの冬竹の表情、すごく違和感がありました。別人になってしまったみたいな。ここに来る前と来た後で、あいつに何か不可逆的な変化が起きてしまったんじゃないかって……」

歩けるか問うと、こくりと童子のように頷く冬竹君。

彼を立ち上がらせ、腕をつかんで引っ張り上げながらなんとか江夏君の待つ生垣のところまで到着した頃、うっすら空が白み始めていた。

「朝日を浴びたら元に戻ってくれるんじゃないかと思ったんですけどね」

涎を垂らして宙を見つめる冬竹君とは、会話が通じなくなっていた。

「やっぱ、病院に連れていかないとだよな。崖から落ちてるし、頭を打ったのかも」

冬竹君を気遣う江夏君の言葉に、春咲君は〈崖に落ちる前から既におかしかった〉とは言い出せなかった。

後部座席に冬竹君と春咲君を乗せ、江夏君は車を発進させた。

「悪いんだけど、レンタカーでお前らを病院まで送ったら、俺は帰っていいか」

「そりゃないだろ江夏、一蓮托生じゃないか。冬竹を見捨てる気かよ？」

「すまないとは思ってる。でも、バアチャンのたっての願いなんだ。だから、頼む」

「お前、霊能者的に冬竹に何か感じてるのか？　こいつに何か良くないものが憑いてんのか？　わかるんだったら教えてくれよ！」

「ダメだっ、今その話はしたくない!!」

温厚な江夏君が珍しく怒鳴るので、春先君は黙る他なかった。その間、冬竹君は後部座席で口をもぐもぐさせていた。

始発が動き出すくらいの時間になって、彼らの車は最寄りの総合病院の前に着いた。

こんな早朝では、救急外来しか窓口が空いていない。

その日はあいにく保険証も持ってきておらず、所持金もごくわずかだった。どうしようか迷っていると、冬竹君の携帯電話に着信があった。

当の冬竹君はクチャクチャと何かを咀嚼するのに忙しく、電話に出る気がないようなので、春咲君が応対した。

「はい、こちらは冬竹の友人で春咲といいます。彼、登山中に転倒して、今ちょっと電話に出ることができなくて」

心霊スポットツアーを「登山」と誤魔化そうとした春咲君の言葉を、中年男性の声が遮った。

「ということは、もう遅かったんだ。やめるようにと忠告するつもりだったんだがな。いいよ、だいたいわかってるから」

中年男性は冬竹の親戚と名乗り、彼を〈今から迎えに行く〉と言った。

「冬竹、怪我してるかもしれないんで、病院の前まで連れて来たところなんですが」

親戚だと名乗る男性は〈うちの系列の病院で診せるからかまわない、彼をそのままよこしてほしい〉と言う。

病院名や住所を告げ、三人はレンタカーの車内で迎えを待つことにした。

「なあ、お前さっきから何食ってんの？」

一応、春咲君は冬竹君に話しかけてみた。

「何か意味ある言葉で返事してくれたら、と期待してたんですが、ダメでした」

冬竹君は、春咲君めがけて口に含んでいたものを吐きつけた。太腿の上に、唾液まみれの紙屑が転がる。

「湿ってて汚いとは思いましたが、なんだか気になったんで、広げてみたんです」

噛んでクチャクチャになった紙切れは、屋敷の一室に飾られていた家族写真だった。

写真を吐き出して噛むものがなくなったからか、冬竹君は自分の爪をカジカジとかじり始めた。

助手席のノックに春咲君が振り返ると、レンタカーの横にスーツ姿の中年男性が立っていた。

「冬竹の叔父と叔母という人が高級外車で来て、彼を車に引き取っていきました」

このまま冬竹家一行が去ってしまえば、あの屋敷のことが謎になる。

もやもやするところのあった春咲君は、冬竹君の保護者に疑問をぶつけた。

「あのっ、僕らにもしよかったら、どういうことなのか教えていただけますか」

直後、〈訊きたくない！〉と叫んで江夏君がダッシュで車から逃げてしまった。

「どうしても知りたいの？　君、まだ若いのに？」

知りたいです。

「知らない方がいいのに。まあ、これも何かの縁だからいいのか」

春咲君の求めに応じて叔父は車から降り、山中の屋敷であったことを語り始めた。

「あそこの家、ネットで調べても何もヒットしないだろ。地図にも、住所が記載されてない。何も起きていないことになっているからね。なぜかわかる？」

あそこは一家三人が行方不明になった家。

家と土地は冬竹一族の所有だから、冬竹君は一家が蒸発したことを知っていた。

失踪は誰かが届出しなければ、失踪とは見做されない。

誰も捜さない人間がどうなろうと、世間は関知するものではない。

人が殺されていても、死体が見つからなければ殺人事件にはならない。

おそらく一家三人は生きていないだろうが、死体がないから単なる蒸発と思われていて、事件じゃないということ。

ねえ、理解できた？

あれはそういう家。触れてはいけない家なんだよ。

そんなざっくりとした説明で理解できるわけがない。

春咲君はさらに、冬竹叔父に質問を投げかけた。

「それは、あの家に住む人が一家惨殺されたってことですか？」

その質問には答えられないが、推測は自由だ。

「庭で彼がおかしくなったんですが、死体は庭に埋まっているんですか？」

それは私にはわからない。なにせ調べた者がいないからね。

さらに質問を重ねようとする春咲君をけん制したのは、コンコンというノック音だった。冬竹叔母が車の窓をノックしている。

冬竹叔母は不機嫌そうな表情で、助手席の窓を少しだけ開け、低い声で呼びかけた。

「あなた！」

それが、会話を終わらせる合図となった。

ではこれで、と冬竹叔父は車に乗り込み、冬竹一族三人はレンタカーから遠ざかって行った。

「走り去る車の少し開けた窓から、冬竹の歌声が聞こえてきました。古いアニソン、昔すごく流行ったハ●●レ●カイという歌を裏声で歌っていて……それが、僕が見た冬竹の最後の姿でした」

話し終えた春咲君は、マグカップを持ち上げてコーヒーを口に含んだ。

「ええと、具体的に山の屋敷で何があったかはわからないんですね」

私の問いかけに、こくりと頷く春咲君。

「その後、冬竹さんはどうなさったんですか？」

すると、春咲君の表情がわかりやすく曇った。

病院に入院した冬竹君は幼児退行のほか、中年女性の口調で話したり、脈絡もなく投身自殺未遂をするなど、多重人格めいた解離性症状を示したらしい。

「あいつの遠縁が代々精神科の医者らしくて、そっちの病院に入れたそうですよ。目を離すとすぐ高いところから跳ぼうとするので、しばらくはそこに措置入院してたらしいですがね。その後のことは、僕にはちょっとわかりかねます」

「冬竹さんの病院に、お見舞いには行かれなかった？」

春咲君曰く、冬竹一族の連絡先を教えてもらっておらず、肝心の冬竹君の携帯は解約されたのか〈この番号は現在使われておりません〉になっており、見舞いに行きたくても行けなかったそうだ。

夏休みが終わっても冬竹君は登校せず、大学に休学届が出された。

その一年後に休学届は退学届に変更され、冬竹君は大学から除籍されたという。

「じゃあ、冬竹さんが今どうしているかはわからない、と」

「良くなったのなら、たぶん友人だった僕に連絡があるでしょう。今のところ連絡はないですがね」

「霊感持ちの江夏さんは大丈夫だったんですか」

春咲君から応答がない。

彼の表情は弛緩しきっていた。オブラートで包まれたようにぼうっと霞んだ目はこちらを見ているようでいて、その実どこにも焦点が合っていない。

突然、かすれた裏声で春咲君は歌い始めた。

アニメにさほど詳しくない私でも知っている、聞き覚えのある旋律。

これは、十数年前に一世風靡したハ●●レ●カイという歌。

ふるふるとせわしなく眼球を揺らしながら、アニソンを裏声で歌う春咲君。まさかこの明るく楽しい曲がこんなに不気味に聞こえるとは。

「あの、春咲さん？　大丈夫ですか、急にどうしました？」

サビのパートを歌い終えた彼の目に、ようやく生気が戻った。

「えっ、あ……これで、僕の話は終わりです」

あなた、今歌ってませんでした？　と訊く、それだけのことが恐ろしくてできない。

「本日は、貴重なご体験をありがとうございました」

ドアを閉める瞬間、背中を向けて歩き出す春咲君が、しわがれた声で何かを言い捨てた。

かすかな声ゆえ聞き間違いかもしれないが〈お父さん〉がどう、という風に聞こえた。

招かれずしてあの家を訪れた春咲君もまた、何らかの不可逆的な影響を精神に負っているのかもしれない。

コーヒーカップを片付けていると、春咲君の座った椅子の下に、紙屑が一つ落ちていた。

拾おうとした手を思わず寸止めするほどに汚い紙屑だった。くしゃくしゃに丸められた厚紙はふやけて変色し、蛋白質が腐敗したような悪臭を放っていた。

紙を開いて中を改めるべきだろうか。一瞬迷ったが、生乾きの雑巾より臭いそれを割り箸でつまむと、箸ごと燃えるゴミとして捨てた。

その取材から数日後、私はメモ帳からノートPCに取材内容を打ち込んでいた。時系列を追って話をまとめるうち、気がかりなことが生じた。

話を聞いている際は不覚にも気づかなかったが、春咲君の証言に矛盾がある。

冬竹君とは病院前で別れて以来会っておらず、冬竹一族の誰とも連絡を取り合っていないはずが、入院後の冬竹君の様子を春咲君が知っているのはおかしいではないか。

考えうる可能性は、少なくとも三つ。

一つ目、冬竹君のその後を春咲君は風の噂で聞いた。

冬竹一族の知人が大学周辺にいれば、彼と直に会わなくとも春咲君は情報を知り得る。

二つ目、春咲君が嘘をついている。

しかし、この選択肢を採ると今回の話全体の信憑性が損なわれるため、敢えてこの選択肢は考慮しないことにする。

三つ目、春咲と名乗った男性が、実は冬竹君その人である……可能性は、あるだろうか。

春咲と名乗る人物からメールにて情報提供を受けた後、詳細を聴取するためアポをとって面談したわけだが、その際には名刺交換等はせず、身分証明書を確認してもいない。

だとすれば、怪異の実話性を担保した上で理屈が通るが、冬竹君が騙ってまで春咲君になりすますメリットなどあるだろうか。

語り手が春咲君か冬竹君なのかによって、リスクが変わってしまう。

まず、体験談を語ったのが、春咲君を騙る冬竹君であったと仮定してみる。

その場合、話はシンプルだ。

呪いの発動条件は、山の屋敷の一家の末路を知り、その上で失踪現場であるあの家に赴き、実際に足を踏み入れること。知ってから行くという順番に意味があるらしい。

一度呪いが発動すれば、一家三人の霊が幼児、母親、父親とランダムに憑き、父親のターンで高いところから飛びたくなるようだ。

呪いをかぶったのは冬竹君一人のみで、春咲君、江夏君には累は及んでいない。

つまり、あの家の事情を〈知らない〉ことは救いなのだ。

逆に自称〈春咲〉君が申告通りに本人だった場合、話はややこしくなる。

最もあの家の影響が深刻なのが冬竹君、若干影響が及んでいるのが春咲君である。

呪いの発動条件は、一、あの家に足を踏み入れたこと。そして、二、あの家で何があったかを知っていること、それら条件一と二を順不同で満たすこととなる。

条件一さえ満たしていれば、条件二を満たすのは、家に行く前でも後でもよい（条件一を前提として、どの時点で条件二を満たすかが、影響の多寡に関係しているかもしれない）。

一つだけ、経緯を又聞きしただけなら祟りは及ぶまい。

話には出なかったが、祖母の知らせによりいち早くリスクを察知し、経緯を聞かずに逃げた江夏君も無事と思いたい。

実際にあの家にさえ行かなければ、なんということはない。

大丈夫。それならきっと安全だ。大丈夫なはずだ。

そういうわけで、あの家の場所は秘す。

ひとすじの愛

千代美さんが、彼氏と同棲し始めたときのこと。うきうき気分でスタートした同棲生活が、一本の髪の毛で崩壊に向かいそうになったことがあるという。

同居後しばらくすると、新居に定めた2DKのアパートに、夜ごとに他の女の髪の毛が落ちるようになったのだ。

その髪の毛は黒く太く、たった一本でも存在感のあるロングヘアだった。

「私の髪は生まれつき栗色で、その頃は肩につくかつかないかぐらいのミディアムにしてたから、絶対私のじゃないのね」

彼女らカップルは共働きだが、シフトの都合で二人の休日は滅多に合わない。朝から晩まで一緒に過ごせる日は、月に一度か二度ほどと少ない。

「彼の浮気を疑いたくなかった。私の留守中に女を連れ込んでるんじゃないかって想像するだけで気が狂いそうになったから」

彼を疑いながらも信じたい。

千代美さんの心は千々に乱れた。

「〈浮気してるの？〉って訊けばいいって？　そんな問題じゃないよ。浮気を疑ってるのが彼にバレたら私の株が落ちるもの。嫉妬深い女だと思われたくないじゃない」

ある日、千代美さんが仕事から疲れて帰宅すると、まず玄関で彼女を出迎えたのは彼ではなく、一本の女の髪の毛だった。

「私が大事にしてるブランド物のパンプスから、にょろっと長い黒髪が飛び出していて」

それでも彼女は耐えた。

玄関だもの。ドアの開閉時に、外にあった髪の毛が風の加減で中に入り込むことだってあるだろう。それがたまたま私の靴に入ってしまっただけ。

またある日、彼が先に入った後に千代美さんが風呂に入ることがあった。

一日の疲れをほぐし、湯船でリラックスして手足を伸ばしたとき、指に纏いつく不快な物がある。

入浴剤で白濁した湯は底が見通せず、手探りで掬《すく》い上げたそれは、予想通り長い女の黒髪だった。

いや、風呂場にも窓がある。風に乗った髪の毛がひらりと浴槽に入り込むことだって、ないとはいえない。

そう考えて、彼女は叫びだしそうになるのを堪えた。

「でも、私にも忍耐の限界があったの」

二人の休みがマッチした、とある土曜日のこと。

テレビで話題のレストランでランチ、食後に二人で映画を見に行き、夕食は千代美さんが手料理を振舞うなどのんびり過ごした一日の締めくくりに、二人は一緒にお風呂に入った。

「毎日女の毛に悩まされてたのが、その日はまだ一本も見てなかったんで油断してた。もう不意打ちすぎて、頭の血管切れるかと思った」

お風呂上り、バスタオルを巻いてスキンケアしている千代美さんの横を、パンツ一丁の彼氏が通る。

トイレに行くのかな？　と見れば、彼氏のトランクスから見慣れた長い髪の毛が一本、ゆらりと垂れていた。

「彼のトランクスのウエストゴムに、いつもの女の毛がはさまってたの。でも、この日は朝からべったり私といたはずで、他の女に会う暇なんかあるわけがなくて、しかも一緒にお風呂から出たばかりなのに……」

浮気を疑ったが、浮気ではあり得ない。

「もうこの髪の毛何なのよぉぉぉ！　いつもいつも纏わりついて!!」

キレた彼女がトランクスを指さして叫ぶと、彼氏はハッとした様子を見せた。

「千代美にもこれ、見えてるのか」

興奮した千代美さんをなだめるように、彼氏は過去を語りだしたという。

これは前の彼女が送ってくるんだ。

「元カノが？　郵便、それとも宅配で？　そんなの、送り返せばいいじゃない。もうやだ、受け取り拒否してよ！」

そうじゃなくて、普通じゃない方法で送ってくるんだ。こっちだって嫌だけど、送られてくるからどうしようもないんだ。

「そうなの、だったら私からガツンと言ってやる。もう髪の毛なんか送ってくるなって、今の彼女は私なんだから！　って、その女にハッキリ言ってやるからっ」

そう息巻く千代美さんを悲しげな顔で見つめた彼氏は、深いため息をついた。

「死んでいるから止められないんだ」

千代美さんと付き合うより以前、元彼女は不慮の事故でこの世を去っているという。

「私と付き合う前から、元カノが亡くなってからずっと、髪の毛が一本、毎日欠かさず出てくるんだって」

その髪の毛は霊的な存在であり、この世ならざるものということか。

単純な浮気ではないとは理解できたが、彼の説明を千代美さんは信じられなかった。

「髪の毛ならＤＮＡ解析とか、科学的に調べることができるんじゃないかと思って」

それで、長い女の髪の毛を発見するたびに、冷蔵庫横に掛けた連絡用のホワイトボードにテープで貼り付けて保存することにした。

「でもね、夜に見つけて貼っておいても、朝には髪の毛がなくなってるの」

彼氏に髪の毛をボードから剥がしたか尋ねても、そんなことはしていないと言う。

休日に、ボードに貼った髪の毛がいつ抜け出すのか、夜通し監視したこともある。

千代美さんがテープで磔になった髪の毛を凝視していても、瞬きの間に消えてしまうので、やっとこれは通常の物質ではないと実感できた。

「見ればつまめるし、つまんだ感触もあるし、ボードに貼り付けたら現実の髪の毛と変わりないようなんだけどね。一瞬で消えたりとかされると、この世の物じゃないんだなぁって」

最近、千代美さんは髪の毛の出現については長期戦の構えである。

「死人の髪って聞いたときは不気味で仕方なかったけど、毎日だからもう慣れたな」

今では女のロングヘアが出てきても、〈あっ、あるな～〉くらいの感覚で相手にしないそうだ。

そこまで達観できなかった頃は、霊媒師を頼んで除霊しようと彼氏に相談したこともあった。

〈悪いことをしてるわけでもないのに、そこまでするのはかわいそう〉と彼氏が煮え切らなかったのと、予想よりも祈祷の料金が高額だったために諦めたのだという。

「でもねえ、その髪、ホワイトボードに貼ってあるとき、ちょうど夜時間帯の宅配便が来て、配達の人に見てもらったら、見えないいんだって。ただ、二ヶ所テープを止めてあるだけにしか見えないいんだって」

髪の毛一本だけの霊は、彼と千代美さんにしか見えないものらしい。

「ということは、その元カノがね、私と彼とのことを特別扱いしてくれてるって思うの」

順調に進めばこの先、彼氏と結婚式を挙げる予定だが、その後も髪の毛は現れるのかどうか。

千代美さんは〈結婚したら髪は出なくなる〉ことに賭けている。

「まあ、根気比べだよね。私は負ける気さらさらないけどさ」

いまだ、髪の毛は一本ずつ、彼らの家を訪《おとな》い続けている。

金縛られ

盆地に住んでいる乃絵さんは〈エアコンがないと生きていけない〉と断言する。

「今年の夏の暑さ、身に堪えました。日本どうしちゃったのってくらいの猛暑で、毎日エアコンフル回転でしたよ」

体温を越えるほどの熱帯夜、よりによってそんな日に乃絵さん宅のエアコンが壊れてしまった。

「数日前から調子が良くなかったんですけど、ついにスイッチを入れても冷えなくなりまして」

コントローラーの気温下降ボタンを連打すると、エアコン本体から生温い風がため息の如く吐き出されてきたという。

家電に疎い彼女には、室内機と室外機のどちらが故障したのかもわからなかった。

「二十四時間営業の修理サービスを頼もうかとも思ったんですけど、高いでしょう。今夜ひと晩だけ我慢して、明日朝一で近所のお店に修理してもらえばいいかなって」

日中フルに蓄熱したマンションは、夜もほとんど体感気温が下がらない。

一たび熱中症になれば、若くても死の危険があるのは連日のニュースからよくわかっていた。

その日はクローゼットから古い扇風機を引っ張り出し、首振りタイマーをかけて寝ることにした。

「エアコンにすっかり依存していて、扇風機程度じゃ私、満足できなくなってたんです」

うとうとしかけても、うだるような熱気が纏わりつくとすぐに覚醒してしまい、眠ることに集中できない。

「シャワー浴びてもすぐ汗でべとべとになって意味なし。窓を開けても風なんか入って来ないですから、不快指数MAXでしたね」

頭も体も睡眠を欲しているのに、その夜はとにかく暑すぎた。

寝るのはもう無理。起きて水風呂にでも浸かろうか、いや、出費は痛いけれど、いっそのこと出張修理サービスを呼んでしまおうか。

そんなことをうつらうつら考えていたとき、彼女の手足が気をつけの姿勢をとって動かなくなっていた。

「やだ、金縛り？」

十代の頃は月に何度か金縛りになったものだった。それは、体や脳が成長する過程で起こるバグだと彼女は捉えていた。

まさか、十数年ぶりに金縛りになるとは、疲労のせいかな。

スイングする風が額を流れる汗を蒸発させてゆく。

布団から見上げる扇風機が首を振ってこちらを向いたとき、乃絵さんも思わず顔をそちらに向けて異変に気づいた。

えっ、金縛りで首が動くの⁉

「普通、金縛りになると首を動かすのも無理で、唸り声を出すとか、目だけ動かすくらいじゃないですか。それとは明らかに違ったんですよ」

首から上が自在に動くが、胸から下は締め付けられるように苦しく、自由にならない。

しかも、背中と布団の間に何か低反発クッションに似た冷たい物が挟まっているようだった。

「これ、金縛りじゃないいんじゃないの？」

唯一動かせる首をぐっと前へ曲げると、胸の上、左右の乳房の間に黒い物が乗っているのが見えた。

金縛りらしき現象の正体を、彼女はついに把握した。

接触冷感仕様の長い物が、彼女の手足を胴体ごとぐるぐる巻きにしている。

「ヘビだと思いました。長いし、触れてるところがヒヤッとしたから、冷血動物だろうって。でっかいヘビがうちに入って来たんだと」

彼女の住むマンションの裏手には林があり、それゆえヤマカガシがエントランスを横切ったり、入居者のエアコンのダクトにヘビが入り込むなどの騒動が過去に起きていた。

彼女自身、名前もわからぬ蛇が窓枠の隅でとぐろを巻いているところや、一メートルを越えるアオダイショウが裏の藪にいるのを目撃したことがあった。

それで、彼女は長い物をヘビと結びつけて考えたのだった。

首を曲げて窓を見ると、ヘビらしきものは彼女の胸からつま先までをくまなく巻いてもまだ余り、布団からはみ出して窓の外まで長い胴体が続いていた。

胴体の先に目を凝らしても、尻尾の先は見えなかった。

「どんだけ大きいヘビなのって思って、ヒーッて悲鳴を上げました」

深夜のマンション周辺は閑静な住宅街だ。

住民はみな寝静まっているらしく、誰も助けに来てくれない。

「三時半から四時に新聞配達が来るから、うちの前に来た瞬間に絶叫して救助を要請しようと思いました」

じりじりと時間が経っていくが、図々しくもヘビは彼女の胸に頭を乗せ、すぅすぅ気持ちよさそうに寝息を立てていた。

「待っても新聞配達来ないし、ヘビはいびきをかくしで腹が立つし気持ち悪いし。なんとかしなきゃと思ったんです」

困ったのは、こんな状況で待ち望んでいた眠気が訪れたことだった。

巻きついたヘビがウォーターベッドのような弾力でひんやりと心地よく、気を抜くとうっとり眠りそうになる。

「ヘビに巻かれて寝るバカはいない。絶対寝るもんか、負けないぞ！　と思って」

乃絵さんは渾身のパワーで思い切り手足を広げた。

筋トレが趣味なだけあって、彼女には膂力《りょりょく》があった。

ぶちぶちっとヘビの体が引き千切れ、乃絵さんは勢い余って布団の上で前転した。

彼女は立ち上がり、電燈の紐を引いた。

目を射る明るい光が異様な状況を眼前に晒す。

シーツの上にヘビの体が散らばり、各パーツがしなって激しくのたうっていた。

不思議と千切れた部分から出血はなかった。

ただ、断面からそぼろのようなものがこぼれ出て、そこからドライアイスを溶かしたような白い気体が放出されていた。

ヘビの体には鱗がなく、ほの白い滑らかな皮膚には細かな産毛が密生して白く光っていた。

その頭部を見て、彼女はおののいた。

人の赤ん坊そっくりな愛らしい顔が付いている。それは潤んだ金色の目を乃絵さんに向け、色を持たない白い唇で囁いた。

〈まま……〉

「ビャーっこれ何ィってパニックになって、出て行って！　と窓へ向けて敷き布団をひっくり返したんです」

ヘビのようなものの断片がコロンコロンと転がり、一つ残らず窓の隙間から出て行った。

分断されても全てのパーツが意志統一されているような、非常に素早い動きだった。

窓を開けてベランダへ出たとき、ヘビもどきは一切の痕跡を残さずいなくなっていた。

「時計を見たら四時になるところでした。新聞配達を待っていなくて本当によかった。後から思い出したんですけど、その日、新聞休刊日だったんです」

シーツにはシミなどついていないように見えたが、気味が悪いので洗濯機に放り込み、漂白剤で洗ったという。

「不思議なのは、窓を開けるとき網戸にしておいたはずが、勝手に隙間が開いてたんですよ。ヘビみたいなヤツはそこから入ったと思うんですけど、手もない癖にどうやって開けたんでしょう」

ヘビらしき物のつぶやいた、〈まま〉という言葉はどういう意味なのだろうか。

「それが、わからないんですよね。私、子供いないですし……」

エアコンの修理を終えた乃絵さんは、二度と窓を開けっ放しでは寝ないと決めている。

キャンプの夜

キャンプの夜、テントの周囲から〈ざっざっ〉という足音が聞こえた。

他のキャンパーがやって来たのかと思い、声をかけても応答がない。

ざっ、ざっ、ざっ、と物音はテントの周囲を巡る。

音の間隔がそれなりの歩幅を感じさせ、足音そのものに聞こえる。

反応しなければ離れていくだろうと無視していたが、足音はテントの周りを回り続ける。

こんなとき、誰かに相談できればな。

自由気ままなソロキャンプが、やおら心細くなってくる。

ふいに想像力が暴走する。

腐りきった歩く死体が、鋭くとがった爪でテントを引き裂き襲いかかってくるのでは。

雨をも通さぬ防水テントも霊は素通りしてきて、頭蓋の砕けた血まみれの死霊が抱きついてくるのでは。

次々に嫌な妄想が湧いてはリピートし、頭を去っていかない。
外を見さえすれば、音の正体がわかる。
テントの入り口を開いて、そっと外を覗く。
都会では見かけたことのない、大きなカエルが地面を跳ねていた。
ヒキガエルか、それともウシガエルか。
物音に過剰に怯えた、先刻の自分を苦々しく思う。
テントのＬＥＤ照明に集まる虫を、大型のカエルが食べにきただけのことだった。
人間の姿を認めて警戒したのか、カエルは草むらに逃げていった。
テントを閉めようとしたとき、背後から新たな足音が聞こえる。
ざりっ、ざりっ、と砂利を踏みしめるような音。
別のカエルが餌場にやって来たのだろう。
振り向いて目を凝らすと、ライトグレーのスリッポンに見える物が這いずっていた。
靴みたいな、こいつは何だ？
好奇心から懐中電灯を当てて、すぐに後悔した。
地面に、人の足が一つ。

何があったのか、青灰色の指先からは爪が五枚とも剥がれてなくなっていた。
踝《くるぶし》から上が失われた足だけのそれは、断面も露わに〈ぴょん、ぴょん〉と跳ねていた。
発する音もカエルにそっくりだ。
約二十センチほどの足は子供か、それとも小柄な女性のものか。
片足だけのそれは、テントを一周ぐるりと回って藪の奥へ帰って行った。

ハイテク墓

舞坂さんはハイテク室内墓地事業に携わっている。

室内墓地とは建物内に効率よく遺骨を収蔵するシステムで、整然と縦横に骨壺が並ぶその見た目から、ロッカーやマンションにも例えられる。

「そもそもは、人口の密集した香港で、土地不足のためマンション墓が流行したと聞いています」

室内墓地の多くが、主要駅から徒歩圏内にあるなど、墓参しやすい立地を誇る。墓が室内にあることで、天気を気にせず墓参ができる上、墓所の掃除も必要ないなどメリットも多いと舞坂さんは言う。

室内墓のどこが〈ハイテク〉なのだろうか？

「当方では、合同参拝スペースで墓参していただきます」

利用客が参拝スペースを訪問すると、そこには共有の墓石が設置されている。

そこでＩＣカードを読ませてボタンを押せば、予め登録されている家族の遺影がデジタルスクリーンに映し出され、同時に骨壺が自動搬送システムで墓前に運ばれて来る。

「お盆の時期には混雑しますので、順番まで少しお待たせすることもありますが、当方では待合室も完備しております。早めにご予約いただければ、ご希望の日時にスムーズな墓参が可能になりますよ」

　全てがクリーンでオートメーション、それがハイテク墓だ。


　順調だったハイテク墓事業だが、半年ほど前にトラブルが発生したのだという。

「墓参にいらしたお客様が、〈遺影が違う、うちの人じゃない！〉と仰るので、すぐに私が確認に行ったんです」

　スクリーンに高齢女性の遺影が映るはずが、中年男性の顔が表示されていた。

「遺影は普通クリアーに映るんですが、そのときは画像にぼかしをかけたように、顔が黒っぽく滲んでいたんです」

　輪郭のぼやけたモノクロ画像の男は白目が染まって眼球が真っ黒に見え、口元の歪みは血を垂らしているようにも見え、なんとも不気味だったという。

「お客様にお詫びしてもう一度ＩＣカードを読み込みしていただいたら、正しい遺影が表示されたんですがね」

同様のトラブルが、日を置いて繰り返された。

その度に対応するうち、舞坂さんはあることに気づいた。

「お客様はたぶん、お気づきでないと思います。トラブルの度に対応していたから、私だけがわかったことです」

毎回、誤表示される画像は同じ人物の顔だったのだという。

こんなエラーが続いては信用問題になる。舞坂さんは、プログラムの点検を専門会社に依頼する一方、登録されている膨大な遺影データを自ら検証してみた。

「システムには異常なく、誤表示される男性の顔も、該当する画像は登録されていませんでした」

血のように輪郭が滲んだ不気味な男性の顔は、なぜ墓参客の前に誤表示されるのか。

原因がわからず困っていたある日、たまたま舞坂さんは納骨堂の点検に立ち会うことになった。

「そうしたら、納骨箱が一個、余ってたんですよ」

利用客の登録とマッチしない身元不明の遺骨が一つ、納骨堂の予備スペースに安置されていた。

「あっ、あの誤表示の人のお骨なんじゃないかと思ったんです」

登録されていない遺骨の混入事件ということで、舞坂さんは警察に通報した。

遺骨を警察に預けたところ、舞阪さんの読み通りに、誤表示はぱったり止んだ。

「いやぁ、そんなところに未登録のお骨を紛れこませるなんて、内部の者がやったこととしか思えないんですけどね」

バイトが何人か入れ替わっているので、そのうちの誰かが置いたと思われるが、消息不明の人も少なからずいるため、犯人特定には至っていない。

「いかがですか、室内墓。永代供養サービスもお寺さんよりお手頃ですし、宗教宗派も問いませんのでお薦めですよ」

子供を持たない私にとっては魅力的な提案ではあったが、なんとなく遠慮させていただいた。

闇の左手

「中学校からちょっと行ったところに、お化けトンネルがあったんだよ」

恭一君は十代の頃、廃トンネルに突入しようと思い立った。

そのトンネルにはさまざまな噂があった。

戦時中に防空壕として使われ多数の死者が出たとか、通ると影が後をついてくるとか、トンネルに入ると呪われて死ぬだの、喰われて骨までドロドロに溶かされるだのと、トンネル怪談でありがちな怪異がほぼコンプリートされていたほどであったという。

寂れた廃トンネルは子供たちにとって畏怖《いふ》の対象であった。

「中学生の頃、自分が無敵みたいな妄想することあるじゃない。中二病《ちゅうにびょう》ってやつ？　まさにそれ。日常からブッ飛ぶような冒険をしてみたかったの」

ある日、恭一君は〈友人の家へ行く〉と嘘をついて家を出た。

「本当は悪友の孝典と申し合わせて、お化けトンネルへ行ったんだけどね」

人数を二人に絞ったのは、何かあったときに孝典一人ならなんとか助けられるだろうと思ったためだ。

出発時にはまだ陽の光が射していたが、トンネルに着く頃には闇が色濃くなってきた。

少年二人は通行止めのバリケード封鎖を乗り越えた。

廃トンネルのため、周囲に照明は設置されていない。

孝典君がポケットから懐中電灯を取り出し、足元を照らしながらトンネルの入り口へと進む。

意気揚々と歩く孝典君の懐中電灯が、ふつりと消えた。

「うわ、やべ。なんだよ、どうしたんだよ」

カチカチとスイッチをオンオフしてみても、光は戻らなかった。

「バッカ、お前、電池ちゃんと新しいのに替えてこいって言っただろうが！」

カッとなった恭一君が怒鳴ると、孝典君も怒鳴り返した。

「替えたよ！　途中で切れたら困ると思ったから、うちで電池入れ替えてきた!!」

「お前んちの電池、古かったんじゃねえの？　使いかけだったとかさ！」

孝典君は小さな声で、〈違う、新しいのをフィルム取って入れてきた〉と抗弁したが、恭一君は彼の失態に我慢がならなかった。

「とにかく、懐中電灯係はお前って決めてたろ？　なのに、使いもんにならないヤツを持ってきてどうすんだよっ。なんにも中が見えねえじゃねーか！」

長いこと使われていないトンネルの中には産業廃棄物などの毒物や、天井の崩落などの危険があるかもしれなかった。

懐中電灯がお釈迦になり、恭一君はトンネルに入るかどうか迷い始めていた。

「俺が先行する！　俺、夜目けっこう利くし。大丈夫そうならお前を呼ぶから」

懐中電灯が切れた責任を感じたのか、孝典君が先行をかって出た。

孝典君は恭一君と胴体部分をロープでつなぎ、一人トンネルの入り口に立った。

先に彼に歩かせてみて、足場が大丈夫そうなら恭一君も続くつもりだった。

「何かヤベーもんあったら合図するから、すぐ引っ張ってくれよな」

恭一君の見守る中、孝典君は真の暗闇へと踏み出した。

「うわ、本当に暗いよォ……うわ、スッゲー。真っ暗で、手を伸ばしたら手が見えないよ？」

トンネルのほんの入り口で、孝典君は〈前へならえ〉の姿勢をとってみせた。

夕陽の赤みはとうに消え、付近一帯は夜の藍色に染まりつつある。

それにしても、トンネルの中は暗すぎた。

「前に読んだ漫画にそういうのがあったの思い出してさ。ロンドンの霧は濃くて、伸ばした手の先が霞《かす》んで見えないっていう……」

闇と霧は違う。そんなことは、中学生にでもわかる。

「なぁ、その中、なんか暗すぎねぇ？」

問いかけた恭一君に、先を行く孝典君が振り向く。

孝典君はひくひく顔面を引き攣《つ》らせ、泣き笑いしていた。

「人間、究極に怖いと思わず笑っちゃうんだな、って」

孝典君の右手は体の横にだらりと垂れているが、左手だけはまだ〈前へならえ〉のま
ま、水平に上がっている。

そして、彼の左手の手首から先は漆黒の闇に呑まれて見えない。

ヒッ、ヒッ、ヒッ、と孝典君は短い呼吸を繰り返して言った。

「恭一……この闇、触れるよ？」

なんだかわからないが、こいつヤバイ！

恭一君は、孝典君の体とつながる命綱を思い切り引いた。

地面に膝をついた孝典君が、〈いてててて〉と叫ぶが、かまわず自身はダッシュする。

思いがけず強い抵抗を受け、恭一君は足を止めた。

「あああ無理……、痛ぁいっ……手が取れちゃうよぅ」

恭一君が渾身の力で引いても無理だ。

ならば、力を合わせなければ。

「俺が引っ張るからっ、お前も全力で引けぇぇぇ!!」

緩急をつけ、つな引き大会の要領でぐいっ、ぐいっと引いていると、闇がたわんで孝典君の手が外に引き出されてきた。

「早くなんとかしないと、孝典がトンネルの中に持って行かれると思って」

少年二人が協力して思い切り引っ張ったとき、きゅっぽんと左手が闇から抜けた。

否、左手の拳には、トンネルから千切れた闇が濃密にまとわりついていた。

「落とさなきゃダメだと思ったから、ハンカチでごしごし拭いたら」

孝典君の手は墨汁に漬かったような色合いから、さんざん木炭で遊んだくらいのレベルになった。

ひとしきり孝典君の手を擦ってから、彼らは自転車を飛ばして帰宅した。

「孝典の手を拭いたハンカチ、洗濯機に放り込んでおいたんだけど」

翌朝、母親に何をどうして汚したのかと訊かれるほど、洗濯してもハンカチの黒い汚れは落ちず、捨てるしかなかった。

その朝のこと、恭一君が登校すると孝典君も普通に学校に来ていた。

「ただ、あいつの手首から先が手袋のようにね、爪まで酷い打ち身みたいな気持ち悪い色に染まっちまっていてさ……」

数か月たっても、彼の左手首は刺青でも施したかのように、濃い色のままであったという。

「孝典も言い出さなかったけど、俺も再チャレンジなんて考えなかった。正直な話、俺じゃなくてあいつで良かったと思ってしまった。あの酷い色の手が、トンネルにいた何かに呪いをかけられた印に思えて仕方がなかったんだ」

それからしばらくして、親の都合で孝典君は他県へ転校してしまい、その後の彼がどうなったのか恭一君は知らない。

「あいつの名前をネットで検索してみたこともあるんだが」

いくら孝典君の名前を検索しても、該当する人物は見つからなかった。

「左手が手袋みたいに染まっていても、元気でいてくれりゃあいいんだけどな」

以前よりも厳重に入り口を封鎖されてはいるが、廃トンネルはまだある。

怪便器

風見君が小学生の頃の話だという。

「ちょっと女性の前では話しにくいですが、学校の帰り道、急に尿意を覚えてしまいましてね」

水田や休耕田、畑が一面に広がる自然溢れる美しい通学路だが、こんなときは困りものだった。

家にたどり着くまで、まだ二十分ほども歩かなければならない。

家のトイレまで我慢できるか？　いや、無理。

よその家のトイレを借りるか？　頼むのが面倒だし、そもそも周りに民家がない。

よし、やるしかない。

彼は即座に結論を出した。

周囲に人目がないことを確認してから、彼は最寄りのドブ川に向けて勢いよく放尿した。

「子供心にもよくないことだとわかってはいましたが、自然の中で風に吹かれて立ちションするのはなんともいえない解放感がありました」

のびのび放尿していると、突然、ドブ川に注がれる尿の音が微妙に変化した。

なんだ？　と思って放尿しながらドブ川を覗きこむと、ちょうど彼の尿が当たるところに白くて丸い物が置いてあった。

白い物体に暗い穴が開いており、そこに尿が吸い込まれていく。

なんだろう、便器みたいな物があるぞ？

「当時、僕は目が悪くなりかけてましてね。眼鏡を作らなきゃね、とは言われていたんですけど、まだ作っていなかったから」

ぎゅっと目を細めて眺めたら、それは生首だった。

総白髪の老婆が、大きく開いた歯のない口で彼の尿を受けていた。

その肌も眼球も、白髪との境目がわからぬほどに生白い。

真っ白な頭部に大きく開いた口だけが、ドブ川の汚泥と同じ暗い色をしていた。

ごぶり、ごぶりと顎や喉が上下するのは、尿を飲んでいるのか。

「あっ、お婆さんがドブ川から首だけ出してる！　どうしよう、知らない人の顔におしっこかけちゃったと思って、びっくりしたら足が滑って尻もちをついちゃったんです」

尿は急には止まらない。

彼の半ズボンとブリーフ、靴と靴下が尿まみれになってしまった。

〈ケケきききッ！〉

癇《かん》に障《さわ》る笑い声を残し、老婆は汚泥の下に潜って消えたという。


確かに奇天烈な話ではあるが、それは単に、常軌を逸した嗜好を持つ老女がドブ川に潜っていて、通りすがりの少年をからかっただけでは？

「あ、それはないんです」

風見君は即座に否定した。

お漏らしのように衣服を汚してしまったことが悔しく、彼はドブ川に潜った老女に驚かされた復讐をしようと決意したのだという。

「その辺に落ちていた木の枝を拾って、婆さんの頭をつついてやろうとドブ川をツンツンしてみたんですが、深さが十センチもなかったですから」

そんな浅い川では、人間が潜りようもない。

「まあ、農業排水のちっちゃなドブですから。そこで誰かが死んだみたいな話、聞いたことがないんですがね、子供の耳に入らなかっただけって可能性もありますけど」

自慢ではないけれども、それ以来、トイレ以外のところで用を足したことは一度もありません、と風見君は胸を張った。

いるのいないの

「〈二十歳までに霊を見なければ、一生見ない〉っていうじゃないですか。あれ、嘘ですよ」

先日のこと、小林さんは二十一歳の誕生日に、彼女の由宇さんと日帰りの小旅行に行った。

「特急電車の指定席を、カップルなので並び二席分予約したんです」

その列車は景観を存分に楽しめるよう、窓ガラスを広くとったワイドビュー車両で、窓側からA席とB席、間に通路を挟んでC席とD席という配置であった。

「三両編成の特急の最後尾が指定席車両で、俺らはちょうど真ん中辺りの席でした」

当日、予約番号の席に座ったところ、指定席車両には彼ら二人しかいないようだった。

小林さんの立てた計画では、始発駅からワイドビュー特急に乗って車窓の絶景を楽しみ、県境を越えて終着駅で降りたらご当地グルメに舌鼓を打って、帰路は同じ路線の最終電車に乗る予定であった。

列車が発進すると、すぐに車掌が検札にやって来た。

切符の確認を済ませた車掌が戻っていけば、もうそこは二人きりのパラダイスである。

通勤電車とは全く違う、窓からの雄大な眺めに由宇さんは上機嫌だった。

「ここ、うちらの貸切かも？　この後、誰も乗って来ないといいね！」

はしゃぐ由宇さんのとびきりの笑顔に、やに下がる小林さん。

恋人同士、くっついては互いにつつき合ううちに、そんな二人の様子を車掌が見ていないか気になった。

本当に貸切なのか周囲を見回すと、前から三つ目のC席に黒い頭が見えた。

「こんなに席がガラガラなのに、眺望がウリの特急でわざわざ通路側の席をとるなんて、変わった人だなと思いました」

座席から突き出した頭の上の部分しか見えないが、髪型や雰囲気から乗客は男のようだ。

じゃれかかってくる由宇さんの手をはっしと握って、小林さんは囁いた。

「ねえ、あれ。俺ら以外にも乗客いたみたいだよ」

「なぁんだ、残念だね〜、貸切じゃなかったんだ〜」

少し由宇さんも落ち着いたところで、小林さんは彼女に一言断り、列車の前方にあるトイレに行くことにした。

まだ発車してから、一つ目の駅にも着いていなかった。

通り過ぎるとき、小林さんが先ほど男が座っているように見えた座席を横からちらり見ると、そこは空席だった。

「おかえり～」

「なあ、あそこ誰も座ってないよ。荷物もないし、本来自由席のやつが空いてるからって勝手に座ってたんじゃねえの？」

「じゃあ、貸切再開だね～！」

再び二人でイチャイチャしていたが、なんとなく前が気になって座席を見ると、また同じ座席から黒い頭頂部がはみ出している。

「え～っ、やっぱあそこ人いるじゃん。うっざ。私もトイレ行ってくるね」

トイレに立った彼女は、列車前方の、その男性客が座っている席の横辺りではじかれたようにUターンすると、そのまま自分らの席に戻ってきた。

「どうしたの。トイレ行かないの？」

由宇さんの瞳は涙に潤んでいた。

「やだ、怖いよ……小林君が一緒に来てくれないと、トイレ行けない」

彼女によると、自分らの席を立つときは確かに〈頭のてっぺんを見た〉と思ったのに、横を通るとき確認したら、そこには誰も座っていなかったのだという。

移動する姿を見られずにいなくなるなんておかしい、と彼女は泣きそうになっていた。

「わかった、俺が一緒についていくから、用を足してきな」

そんな会話をしてから前方を見ると、今度は後ろ頭が見当たらない。

内心ほっとしつつ、小林さんは由宇さんをデッキにある女性用トイレまで送り、エスコートして指定席まで戻った。

トイレから出た帰りに、問題の席を正面から見ても、誰もいないし荷物もなかった。

それなのに、列車中央の席に戻ると、ひょっこり黒い頭がそこにある。

「ねえ、あの男の人、いるのいないの？」

怖がる由宇さんを安心させてやらねばと、小林さんは頭脳を回転させた。

始発駅を出発してすぐに車掌が検札に来たが、あの男の座席で車掌は足を止めたろうか？

由宇さんにも尋ねてみたが、発車直後は二人ともはしゃいでいたので、他の席の様子など思い出せなかった。

そんな話の途中にも、前方には座席の上部にはみ出した黒い頭が見える。

「そうだ、写真撮ってみよう。実際にそこにあるなら写真に写るだろうし、目の錯覚か何かだったら写らないはずだ」

「小林君、頭いい！」

即座に彼は思いつきを実行に移した。

スマホのホームボタンを押すと、紙を丸めるかのようなシャッター音が鳴る。

男の後ろ頭を撮ったつもりだが、どんな写真が撮れたろう。

スマホ画面を除いた二人は思わず息を呑んだ。

画像フォルダに自動保存された写真をタップして開くと、その座席の上から男の顔が上半分だけ覗いていた。

白目がちな両眼は小林さんらを睨んでいるように見える。

「ひっ」

由宇さんが口元を手で覆った。

前方に座る男に聞こえないよう、悲鳴をかみ殺したのだ。

なんだこれ、俺は後ろ頭を撮ったはずじゃないのか⁉

小林さんがスマホから座席に目を戻すと、いる。

前方の座席に、黒々とした頭がある。

今にも泣きだしそうな由宇さんの表情に、小林さんは心を動かされた。

彼氏の俺がやらねば、誰がやるのだ。

「俺があの席、今からしっかり確かめてくるよ」

瞬きさえも最小限にして、小林さんは男の後ろ頭を凝視しながら、前から三列目のC席に向かった。

心臓の鼓動がうるさくなるが、大丈夫。彼女も後ろから俺の背中を見守ってくれている。

すっ、と一歩近づくと、ずりっと黒い頭が下がった。

目が乾くのも構わず、眼力を込めて後ろ頭を見続け、また一歩進む。

そろりそろりと近づくほどに、ずっ、ずっ、と黒い頭は座席を滑るように下にずれていき、ついには見えなくなった。

「ねえ今！　今、頭見えなくなったあー！」

由宇さんが呼びかけた瞬間、小林さんは座席の正面に回り込んだが、そこには誰もいない空席があるだけだった。

網棚の目視はもちろんのこと、体を折り曲げて座席の下まで確認してみたものの、人が隠れられるような隙間は見つからなかった。

「あれは、なんとなくだけど、関わっちゃダメなやつな感じがする。席を移ろう」

片手は由宇さんの手を握り、もう片手には二人分の手荷物を持って、小林さんらは自由席への移動を始めた。

幸いといっていいのか、そのときは前方の席に後ろ頭は見えていなかったという。

「今はいないよ、って言ったんですが、彼女は怖がりなので、俺に手を引かせて目をつぶったまま歩いてたもんですから、移動中にあちこちぶつかってかわいそうでした」

列車はちょうど、一つ目の停車駅に止まったので、小林さんと由宇さんは先頭車両の自由席に並んで座った。

自由席にはちらほら本物の乗客がいたが、それでも通勤電車のような混雑とは無縁で、ようやく彼らはくつろぐことができたという。

「彼女もそれまで変なものなんか見たことないって言うんで、そういうのは特定の場所に行き会ったことで、事故みたいに遭ってしまうものなんだと思います」

小林さんたちは、次回あそこに行くなら自由席にしようね、と話し合っているそうだ。

夜の血

かつて、桜さんは謎の出血に悩まされていたことがある。

「朝起きると頬に血がついていたんです。それが始まりでした」

とある月曜の朝のこと。

朝の支度をしようと洗面所の鏡を見たとき、桜さんの左頬に赤茶色の液体が垂れた跡があった。

寝ている間にどこかから出血したの？

「鼻血かと思って、鼻の穴を覗いてみたんですけど」

鼻孔にも、身だしなみでカットした鼻毛の根元にも、かさぶたどころか出血の後などない。

鼻血でなければ、顔を切ったのだろうか。

妙齢の女性の花のかんばせに、傷がついてはたまらない。

彼女は鏡の前で念入りに顔をチェックしたが、潰れて出血するような吹出物もなければ、傷もとくには無いようだ。

「ベッドには尖ったものなんか置いてないし、前日に怪我した覚えもないんだから、当然ですよね」

血ではなく赤い塗料かとも思ったが、そんなものが顔につく理由はなおさら解せない。そもそも、彼女の部屋にはペンキやインク、絵の具はもちろん、食紅等の赤いものなど置いていなかった。

「強いて言えばリップですけど、口紅はヌードベージュか、せいぜいオレンジ系のナチュラル派なんで、血のように赤い色なんかなかったんです」

なんらかの色素だと思いたかったが、頬についた物をよく見ると、乾いて端から黒みがかった茶色に変色し、粉状になりゆくところなど、凝固しかけた血液の質感そのものだった。

寝ている自分の顔に、どうして血がついたの?

原因は気になるものの、慌ただしい朝のこと、出勤時間が迫っているので彼女は考えるのを保留した。

顔を洗えば血は落ちたので、普通にメイクを済ませて仕事に行ったという。

火曜日の朝、起きるなり彼女は驚愕から悲鳴を上げた。

「なんか、手がやけに湿っているんで手汗かと思ったら、左手が血まみれでした。サスペンスドラマで刺された人が傷口を抑えると、手に血がぶわーってつくじゃないですか。あんな感じでした」

試しに左手の匂いを嗅ぐと、鉄錆の混じった磯のような臭気がした。

「間違いない、血の臭いだ！　と思いました」

鮮血の生々しさに気分が悪くなりかけて、彼女は慌てて洗面台で手を洗った。

今度こそ鼻血かと鏡を覗けば、またもや鼻孔に出血の痕跡はない。

吐血の可能性もあると思いつき、口の中を点検したところ、舌は無傷だし、歯茎もきれいなものだった。

ならば喀血《かっけつ》？

彼女は健康体で、肺病持ちではない。

ハンドソープで洗ったところ、手にも傷はなく、その日の彼女は生理でもなかった。

不思議なことに、血にまみれた手で寝ていればパジャマや寝具に血液が付着しそうなものだが、彼女の左手以外に血液は飛沫すらも確認できなかったという。

「私についていた血が、前の日は乾きかけてたのに、この日は出たばっかりの新鮮な血に見えたのが、なんだか気になりました」

この日も出勤時間の制限があり、彼女は考察を中断せざるを得なかった。


夜、残業でクタクタになって帰宅した彼女は、シャワーを浴びてベッドに腰掛けた。

「二度あることは三度ある、ってことわざもありますし。謎の出血が、この晩にも起きるんじゃゃないかって思いまして」

彼女の仕事は、水曜日が休日だった。

美容には良くないけれども、今夜は徹夜したどころで仕事に差し支えはない。

「監視ビデオを仕掛けることも考えたんです。でも、角度とか設置の仕方によっては映らないかもしれないし……それなら、徹夜して様子見した方が楽だと思ったんです」

帰宅してからコーヒー豆を挽き、彼女はブラックで淹れたコーヒーをガブ飲みした。

カフェインの覚醒作用に期待してのことだった。

スマホ片手に頑張って起きていたが、忍び込むストーカーもいないし、威嚇《いかく》の際に目から血を吹き出すという異国産のトカゲも出てこない。

夜中の三時を過ぎた頃、彼女は部屋の電気を豆球にしておき、パジャマに着替えてベッドに入った。

「これまで、いつも睡眠中に異変が生じてるわけですから、私が起きてるうちは何もないのかもしれないと思ったんです」

過剰摂取したカフェインのおかげで、疲労した体をベッドに横たえても目は冴えている。

彼女は寝息を真似てゆっくり呼吸しながら、異変が起きるのを待った。

朝が来る。結局何もなかったじゃない、と笑う自分の夢を彼女は見ていた。カフェインのせいか、普段より眠りが浅かったのが幸いしたのだろう。

「何か、体温よりも低い物がおなかの上に乗っていて、それで目が覚めたんです」

彼女が薄眼を開けると、ベッド脇に何者かが跪《ひざまず》いていた。

なんと彼女のパジャマの上着を捲り上げ、こうべを垂れて彼女の腹に口づけている。

「変態！　って思いました。侵入者がおなかにキスしているんだと」

速攻で払いのけて、通報したい。

だが、生物にとって弱点である腹を押さえられている。彼女はそこからどう行動すべきか迷った。

そのとき、彼女の腹がズーッと吸われた。

深夜、時計の針の音のみが響く部屋で、侵入者が液体を啜るような音は意外なほど大きく聞こえた。

「あ、吸われた、私、今血を吸われてる、と思って」

彼女は反射的に膝を立てると、腹の上に置かれた頭を蹴り飛ばした。

「思い切り蹴ってやったのに、人の頭とは思えない、すごく軽い感触だったんです」

頭部を強打した侵入者がふわりとフローリングの床に倒れ、その隙に彼女は部屋の電気を点けた。

床に倒れた物は、明かりの下で見ると何かの脈管が寄り合わさって、人型に似た形態を成していた。

直径一センチほどの管が集まって絡み合い、うねうねと蠕動している。

彼女は女性の大方がそうであるように、ミミズやヘビなど長虫の類を苦手としていた。

悲鳴を上げようとして彼女が、すうっと深呼吸したとき、複雑に絡み合っていたそれは一本の細長い管にほどけて、シュルシュルと洗面台に這っていくと、排水口から逃げて行った。

「驚きの速さで、一本の長い管になったんです。これも夢だと思ったんですが……」

パジャマの裾を捲ってみると、侵入者が吸い付いていた左の脇腹から、鮮血がつーっと流れてきたという。

「吸血鬼《ヴァンパイア》って、映画じゃイケてるイメージですけど、あんなミミズというか寄生虫みたいなんだったら幻滅です」

彼女はすぐに対策をとった。

「アパートの排水口、全部に古ストッキングを被せたんですよ」

紐状で侵入してくる際は非力だろうとの予想が当たり、対策して以降は変わったことはないという。

「日本も暑くなって熱帯化してきてますから、あんな変な物も来たりするんですかね?」

これならゴキブリやネズミも防げて良いと彼女は笑った。

怪異の来歴はわからないが、なぜ吸血被害は体の左側ばかりだったのか尋ねてみた。

「うちではベッドの右側が壁に付いてるので、左側が広く空いてたから、そっち側が吸いやすかったんですかね？」

との返事であった。

鏡の世界

「俺、ずっと鏡の中に入りたかったんだよね」

百中《ももなか》さんは幼い頃、合わせ鏡が好きな子供だった。とくに、母親の化粧台にあった三面鏡がたいそうお気に入りで、暇さえあれば眺めていたという。

「お袋は〈男の子は長時間鏡を見ちゃダメ〉って怒るもんで、親の目を盗んでこっそり覗いてたなぁ」

三面鏡の中に顔を入れ、観音開きの扉で首を軽く挟むようにして外界を遮断する。

左右に合わせ鏡が出来上がり、摩訶不思議な世界が展開する。

「合わせ鏡の中に自分が無限にいるようで楽しかったなあ」

毎日飽きずに一、二時間ほど見とれていた。

「鏡の向こうに行けたら、どんな世界なんだろう。行ってみたいなぁ」

子供らしい無邪気な好奇心で、いつも期待を込めて鏡を見つめていた。

母親が帰宅すると三面鏡の扉を急いで閉じ、彼は自分の部屋へ駆け戻って、別な遊びをしていた振りをするのが常だった。

ある日、三面鏡を眺めていると、通常ならば平坦な鏡面に、わずかに漣《さざなみ》だったような気がした。

仄白い顔色の自分が鏡に写っている。

鏡の中の世界へ行ってみたい。

あちらと入れ替わりたいなあ、入れ替われたらなあ。

「こつん、とおでこを鏡に当てたら、硬くなかったんだよ」

鏡の表面は生暖かく、わずかな汗で湿っていた。

しっとりもちもちとした、人間の皮膚の触り心地だった。

鏡の向こうの自分を見つめる。

鏡の向こうから、自分が見つめ返してくる。

見つめ合っていると、ぐるん、と鉄棒の逆上がりをするような感覚があった。

「ああっ、何してるのーっ!」

金切り声を上げて飛んできた母親が、彼をギュッと抱きしめた。

「あんた、鏡を見るもんじゃないって言ったろう！　男の子が鏡を長時間見るのは不吉なんだよ、早死にしたいのかいっ!!」

でもでもだって、とむずかる彼に母親は言った。

「あんた、さっき両足が宙に浮いてたよ」

母親の言葉を聞いた百中さんは、驚くよりも失望する方が勝ったという。

「もうちょっとで成功しそうだったのに、お袋が邪魔したせいで入れ替わりに失敗したと思ったんだ」

その日以後、百中さんのいたずらを防ぐため、母親によって三面鏡は封印された。

「封印ってほど大げさじゃないんだけどね。三面鏡を閉じて、一周ぐるっと紐を掛けて結んじゃったの」

三面鏡を閉じる紐は、母親の手で蝶結びされた。

当時、幼い百中さんは蝶結びができなかった。

母親の目が届かない隙に紐を解いて三面鏡遊びをしたら、遊び終わって紐を結わえる際に固結びしかできないので、言いつけに背いたことが露見する仕組みである。

「三面鏡で遊んだら、おしり百たたきの罰も新たに追加されたから、嫌々ながら諦めた」

百中さんはそれ以来、鏡遊びをすることはなかった。

もしかしたら目的が達成されているのではと思ったからである。

「すごく小さいとき、俺、左利きだった記憶があるのね。今は右利きなんだけど、右利きにするための矯正訓練、一切やった覚えがないの」

あの、最後に三面鏡遊びをした日以来、すんなり右利きになっていたのだという。

彼の古い記憶によれば、普段は右手でお茶碗、左手でスプーンを持っており、お絵かきも左手で行っていたそうだ。

現在は普通に左手が不器用で、両利きではないらしい。

「だから、おふくろが抱き留めたときには既に、俺はあちらと入れ替わりに成功していたのかなぁ？　って思うこともある」

何か、左右反転の証拠になるような印はないか。

記憶に残るような、体の痣や黒子などは？

文字は？　鏡の世界に行けたなら、元の世界とは文字が反転しているはず。

「わからないな、文字は。三面鏡を覗いてた頃の俺、四歳になる前で幼稚園通ってなくて、まだ読み書きできなかったもの」

はたして彼は世界を反転したのか、これだけの証言では、なんとも曖昧である。

「もし鏡の世界に来ていたとしても、俺は俺だし、以前と別段変わることはない。あっちもこっちもたいして変わり映えしないんだよ」

今となっては、どちらの世界でもよかったかなと百中さんはつぶやいた。

風呂爺

「幽霊かどうかわからないけどね、僕が昔住んでた家には爺さんが出た」

小学生の頃、松尾さんは古い木造家屋に住んでいた。

松尾家の風呂桶は木製で、よく手をかける縁の部分が古びて黒みがかっていた。

「箱みたいな形の木の風呂だった。ヒノキ材じゃなかったろうな。これといって良い香りはしなかったから」

彼は母親と二人暮らしだった。

一番風呂はお湯の刺激が強いから子供には良くないと言って母親が入り、続いて松尾さんという順番で毎晩入浴していた。

最後に入る彼の家事分担は、風呂の栓を抜いて水をかけ流し、雑巾で軽く風呂桶を拭うことであった。

当時の松尾さんは夢見がちでよくポーッとしていたので、日常生活ですべきことをつい失念してしまうことも多かった。

「その日は読みかけの本の続きが気になって、烏《からす》の行水で風呂の栓を抜かずに出ちゃってね」

本を読み終えて寝る前になり、ようやく〈お風呂の栓、抜いたっけか?〉と思い出した。

「それで風呂を見に行ったら、行ったらやっぱり抜いてなかった。しかも、冷めた風呂に体育座りの爺さんが浸かってたのよ」

ねぇお母さん、知らないお爺さんがお風呂にいるよ!!

洗濯物を畳んでいた母親にしがみついたところ、こんこんと説教された。

「栓を抜き忘れるのが悪い。その人は栓を抜けば消えるから、とっとと抜いてきな」

そう言われ、一人で風呂場に戻るしかなかった。

さっきの爺さんは見間違いで、もういなくなっていたらいいな。

そう願いつつ風呂の戸を開けると、老人はいた。先刻見たときと寸分たがわぬ姿勢で、薄汚れた浴衣を着たまま風呂桶の中にいるのだった。

「風呂の扉は滑りが悪くて開けるとガタゴトいうんだけど、音を立てても爺さんは僕の方を見もしなかったな」

老人の表情からは、喜怒哀楽のいずれも見てとれなかった。

「あの、失礼します……」

風呂桶に歩み寄り、おっかなびっくり声をかけて栓を抜いたときも、老人は無表情だった。

湯船のぬるま湯が少なくなるにつれて老人の姿は透けていき、水面から出ていた頭から肩までがバシャッと崩れ落ちて排水口から流れていった。


それからも、松尾さんが風呂の湯を落とし忘れるたびに、老人は出た。

「それなりに、何か法則があって出ているみたいだったよ」

出てから五分ほどで気づき、すぐに風呂場に戻ったときは老人は出ていなかった。

「浴槽たっぷりにお湯が溜まった状態で、人肌よりも冷めてしまうと出て来るようだった」

勇気を出して、松尾さんは何度か老人に質問してみた。

「どこの誰かとか、何をしているのか訊いてみたけど、爺さんは全部無視。全く反応はなかったよ」

老人のことを母親に尋ねたこともあったが、〈そんなこと気にしなさんな〉で済まされたという。

「無害なんだから放っておきなさい、栓を抜き忘れなければ出ないんだから、って母は言ってたけれど、何者なのか気になってねえ」

敢えて風呂の湯を落とさないでおき、現れた老人を観察したりしたこともあったという。

「抱きつかれたりすると嫌だし、触ろうとは思わなかったね。栓を抜く前に、爺さんの顔をスケッチしてみたことはあった」

本棚から古い家族アルバムを持ち出し、同じ顔の人物がいないか、スケッチ画と見比べつつページをめくってみたこともあった。

「似た顔はアルバムにはいなかったね。近い先祖ではないようだった。爺さんの顔は酷く皺くちゃだから、僕や母に似てるのかどうかの判断なんてつかなかったけど」

風呂の中で寝るか何かして溺死した遠い先祖が、子孫に警告するために出るのだろう。松尾さんはそう結論づけた。

風呂場に老人が出たり出なかったりしながら六年が過ぎたが、そんな暮らしが終わる日が来た。母親が再婚するため、木造家屋を出ることになったのだ。

「再婚相手の家に行くと学区が変わるので、僕の小学校卒業を待ってから引っ越すことになった」

引っ越しを控えた夜のこと、松尾さんは木製の浴槽にゆっくりと浸かっていた。

「この風呂に入るのも今日が最後か、と目をつぶって感慨にふけっていたら、出たんだよ」

何かが体に触れたような気がして横を見ると、あの老人が松尾さんと体を並べて座っていた。

「箱風呂にみっちり二人で入ってしまった。間近に見たら、熱い風呂に浸かっているのに、爺さんの肌がイカの刺身みたいに真っ白でさ、気味が悪かったね」

入浴中に老人が出るのは六年間で初のことだった。

驚愕した松尾さんが反射的に風呂の栓を抜くと、いつも従容として流れゆく老人が初めて抵抗を見せた。

「普段は水が流れていくにつれて透明になったのに、その日は爺さんの姿のままスピンして排水口に吸い込まれていった」

いつも松尾さんを無視していた老人が、錐《きり》もみ状態になりながらも必死に松尾さんの顔を見つめていた。

「爺さんから何かアイコンタクトで伝えたいことがあったみたいだった。それが何かっていうのは、全然わからなかったけど」

母親の再婚相手の家に越すと、バスルームには豪勢な大理石の浴槽があった。

「そこで栓を抜き忘れても、爺さんはもう出て来なかったんだ。寂しいまではいかないけど、どこか物足りないような変な気分だった」

その後の松尾さん一家の生活にも特筆すべき不幸はなく、あの老人は木風呂に入りたいだけの人畜無害な存在だったんだなと改めて思ったという。

老人の抵抗した理由がわかったのは、中学生になって久しぶりに以前住んでいた家の前を通りがかったときだった。

「前に家のあったところが更地にされて、〈売土地〉になってた」

家屋は取り壊され、あの風呂桶も廃材としていずこかに運ばれていったそうだ。

「あのとき爺さんには家が取り壊される未来がわかっていて、木風呂に入れる最後の日に名残りを惜しんでいたんじゃないかな」

結婚して家庭を持った松尾さんは、現在マイホームの建築を予定している。

「樹脂製の浴槽は味気ないから、木製にしようかと思ってるんだよね」

けして入浴したがりの老人のためではなく、自分が古き良き時代を懐かしむためなんだからね、と松尾さんは少年のように照れながら夢を語った。

母の値段

発端は地域の広報だったと花江さんは言う。

「〈こちらは、広報○○です。行方不明者のお知らせです……〉っていうの、あるでしょう。あれを聞くと、母は少し変になっちゃうことがあって」

最初に母親に異変が生じたのは、彼女が小学生の頃に遡る。

ピンポンパンポン……。

広報のメロディが流れると、ご飯の支度で野菜を刻んでいた母の手がピタリと止まった。

「お母さん、どうしたの？」

母親はぼうっと窓の外に目を向けるのみで、花江さんが問いかけても返事をしてくれない。不意に、母親の唇がひくひく擦り合わされ、そこから深い吐息が発せられた。

「ああ、井戸だわぁ……暗いわぁ、冷たいわぁ」

「お母さん、井戸って何のこと？」

「ん、何？　花江ちゃん」

母親は、自分が〈井戸〉と言ったことを覚えていなかった。

おかしなことだなあ、と花江さんは不安になり、母の言動と行方不明者の名前を日記に書きつけておいた。

再び広報が、該当する人物について〈行方不明者が発見されました〉と告げたのは、その翌日のことだった。

広くもない町のこと、誰がどこで亡くなっていたのか噂はすぐに広まる。死体が発見された当日中に、花江さん宅にも詳細が回ってきた。

「それが、母の言ったように、その人は井戸の中で、死体で見つかってたの。事故か自殺かわからなかったけどね」


その次に異変が起きたのもまた、広報が引き金だった。

そのとき母娘は何気ない雑談をしていたのだが、行方不明者のお知らせを聞いた母親は、お酒を飲んだときのように上気して、とろんとした目つきになった。

「ふぅ……、土の中、山に、いる」

聞き逃せないような深い諦観を帯びた声だった。

「聞き返すと、母は〈えっ、そんなこと言った?〉って言ったのね。自分じゃ覚えてなかったの」

そのときは、田舎では珍しく起きた殺人死体遺棄事件だった。

「人殺しだから事件が新聞に載ってね、小さな町が大騒ぎだったわ」

余所から移住してきた夫婦が喧嘩のあげく、夫が妻を殺して山中に埋めていたと判明した。夫は妻を殺害しておきながら、さも家出したように装って行方不明だと偽りの届出をしていたのだった。

まめな花江さんは広報が流れる際に母が譫言《うわごと》のようにつぶやく言葉を日記に書きとめ、広報で行方不明者が見つかる度に、答え合わせのように名前と場所を照合した。

「そしたら、百発百中で合ってたの」

これが広報を媒介とする母親の超能力かもしれない、と花江さんは最初に考えたのだという。

「でも、母が譫言を言うのは〈行方不明者が死んでいた〉ときに限られていて、無事で発見されたり、怪我しても生きているときは何も言わなかった。だから私、広報が怖くなっちゃって……」

死霊が母親にとり憑き、自らの死体の在り処を語らせているのではないか。

花江さんは、そんな空想に囚われてしまった。

この件に関して母親は何も覚えていないので、母親本人に相談することができない。

父親は遠く離れた町で出稼ぎ中だった。

花江さんは悩んだあげく、学校で一番親しかった友達、同級生のさっちゃんにだけ、母親と広報の話を打ち明けた。

「それがどこをどう話が回ったのか、うちに変な人が来たわけ」

下校の途中、〈あなた、花江ちゃんね？〉と若い女性に声をかけられた。

その女性はたいへんな美女で、テレビで見るタレントのような華美なドレスを着ており、その外見に圧倒された花江さんは〈ハイ〉と素直に返事をした。

母親の留守に知らない人を家に入れてはいけない。そんなルールも曲げて、花江さんは名乗りもしない女性を家に上げてしまった。

「その女の人、顔だけじゃなくてスタイルもいいし声もすごく綺麗でね。その声で命令されたら、なんだか逆らえなかったの」

美女は家に上がるなり、上り框《かまち》で持っていたジュラルミンケースを開けた。

「華奢な体なのに、その女性、棺桶みたいに大きくてごついケースを持ってた」

銀色のケースの中には、最高額の札束がぎっしり詰め込まれていた。

「うわぁ、お金がいっぱい！　お姉さんお金持ちなんだね？」

目を見張る花江さんを諭すように、美女は言った。

「これでお母さんを売ってくれたら、花江ちゃんが大金持ちになれるよ。普通の人なら、一生分使ってもまだ余るくらいあるんだから」

美女の甘言に、花江さんはたちまち警戒モードとなった。

「お母さんは物じゃないから、売れません」

きっぱり断ったのに、美女は爛々《らんらん》と目を光らせて嵩《かさ》にかかってきた。

「えーっ、もったいないなぁ。花江ちゃんが一生働いても稼げないほどのお金なんだよ？　お母さんを私にくれるだけですぐ手に入るのに」

この人、人買いだ。悪い人だ。

そう確信した花江さんだったが、扉の前に仁王立ちした美女が陣取っているため、外へ助けを呼びにいけない。

黙りこくる花江さんに業を煮やしてか、美女の口調が伝法になった。

「あんたみたいな糞ガキに許可なんかとる必要ないんだけどさ、これはけじめだよ、けじめ。母親をもらっていくからその代わりにやるって言ってるんだよ貰えよ」

どうしよう、どうすればいいだろう。お母さんが持っていかれちゃう。

困っていた花江さんは、いつしか涙を流していた。

「あんたの母親をもらえれば、こちらは天下だって取れるんだから……」

美女が言い終える前に、扉ががらりと開いて母親が仕事から帰ってきた。

「鍵もかけないでどうしたの、花ちゃん?」

この女の人が悪い人でお母さんを持っていこうとしているの。

母親に状況を伝えようとした花江さんだったが、しゃくりあげているので上手く言葉にならない。

すると、母親が熱に浮かされたようにぼうっとした表情になった。

「まなこ……熱い熱い、焼ける」

それを聞いた美女は麗しい顔を醜く歪めて、〈チッ!!〉と舌打ちをして外に飛び出していった。

広報の放送もないのに、母親が忘我の表情となったのは、それが初めてだった。

「お母さん！　今変な人がね!!」

花江さんが母親に抱きつくと、いつも通り母親は自らのつぶやきの内容ばかりか、玄関にいた派手な美女の存在すら覚えていなかったという。

美女は手ぶらで逃げて行ったので、お金はどうしたのかと花江さんは銀色のケースを捜したのだが、ぎゅうぎゅうに札束の詰まった重い金属製のケースは家のどこにもなかった。

「あのお金、三億円くらいあったかと思うけど、母親はお金に換えられないからねえ」

謎の美女の訪問以来、母親が広報で捜索中の人の死に場所を当てることはなくなった。

フカシノネコ

「物心ついたときから、うちにはずっとネコがいました。いつもネコがそばにいて、寝るときも一緒なんです」

友恵さん宅は両親と娘の三人家族。家族全員ネコ好きで、一人につき一匹ずつ専用のネコがいる。

父母のネコもそれぞれの飼い主にべったりで、家の中では三匹のネコがうまく住み分けしているという。

ネコ好きな家はどんどん飼育数が増え、住む人よりもネコが多い猫屋敷になっていくこともあるが、彼女の家では一夫一婦制の如く、一人一匹を厳格に貫いている。

友恵さんのネコに名前はない。名付けるまでもないからだという。

ミイちゃんとか何か、コンパニオンアニマルには名前を付けるのが普通ではないか？

そう尋ねたところ、彼女は少し考えてから話し始めた。

「そうですねえ、ペットショップで買ったのなら、私もそうするかもしれませんね。うちのネコは特別なんです。私が赤ちゃんのときから一緒なので、ネコは私の半身そのもの。分かち難い体の一部みたいな存在なので。自分の手とか、影に名前を付けたりしないでしょ？　そんな感じです」

彼女の家では外飼いは禁止。

室内飼いルールを理解しているのか、ネコたちはドアや窓が開いていても勝手に外に出ることはないという。

ネコたちに不自由させないように、彼女の家では買い物等の用事があっても、一家そろって出かけることはない。

ネコの面倒をみるために、誰か一人は家に残る決まりになっているのだ。

彼女はネコと家にいる時間を好んでいたが、幼稚園や学校へ行くときは、ネコを家で留守番させておかなければならなかった。

「生まれてからずっと共に生きてきたので、ほんの数時間でも、離れるのが本当に辛くて……」

初登園したとき、母親のいない寂しさよりもネコ恋しさに号泣したというから、彼女のネコ好きは本物である。

友恵さんが外出先から帰ると、素早く玄関に駆けつけて擦り寄ってくれるネコ。出かけるたびに、そんな感動の再会シーンが繰り返されるのだという。

そんなわけで、友恵さん一家は家族旅行に行ったことがない。

動物を預かる獣医やペットホテルを利用する手もあるし、ペットOKの宿泊施設ならネコと一緒に旅行できるのでは？

「うちのネコたちは家の外に出たがらないので……それに、私たちもネコのいないところへ行っても楽しめないですから。基本、よほどの用事でもなければ家族全員、外出せずに家にいます」

キャンプや修学旅行など宿泊を伴う学校行事は全て、ネコと離れるの嫌さに〈家庭の事情〉で休んだというから、彼女のネコ好きぶりは筋金入りだ。

そのように万事〈ネコ愛〉で動いている友恵さんのこと、クラスメートに遊びに誘われても断ることが多かった。

付き合いの悪い彼女に友人と呼べる人はほとんどいないそうだが、〈私、ネコと家族がいればそれでいいので〉と、ご本人は困っていない模様。

そんな友恵さんにも、ネコより優先したい人ができたことがあった。

「大学でアルバイトを始めたんですけど、バイト先の先輩が優しくて、とてもいい人だったんです。私の遅い初恋でした」

先輩も、〈世間ズレしていない天然ちゃん〉として彼女を可愛がってくれた。

バイトを初めて一か月後、シフトの重なった日に、彼女は先輩から告白された。

その場で交際をOKした友恵さんは、これまでになく心が浮き立つのを感じた。ネコへの愛は依然変わらないが、大切な生き物がさらに増えたと思ったのだという。

「それまでのネコへの関心が百だとしたら、そのときはネコ六十、先輩が四十になった感じです」

それでも、ネコへの比重の方が大きいとは、あきれたネコ好きである。

そこに家族が入っていないようだが？　と問うと、〈家族のパーセンテージ、入れるの忘れてました〉と、友恵さんは麦茶を片手に微笑んだ。

これまで異性どころか、同性の友人と遊んだこともほとんどない友恵さん。彼女にとって、先輩との交際は何もかも初めて尽くしで新鮮だった。

おのずと留守がちになり、ネコには寂しい思いをさせてしまったが、そのときは先輩との交際を優先するのを止められなかった。

友恵さんの外出時間は増加の一途を辿り、二人の仲も深まっていった。

ある日、彼女は求められて先輩に体を許した。

夜を共に過ごしたい彼と、宿泊を好まぬ彼女との妥協点は、ブティックホテルの休憩を利用しての初体験だった。

「そういうことは、結婚してからするものだと思っていたんですけど」

若い二人の気持ちが盛り上がった結果、自然に結ばれたのだという。

彼女は先輩に〈両親に会ってほしい〉と言い、彼もそれを了承した。

「先輩との交際は両親に内緒にしてあったので、サプライズで紹介することにしました」

そして、ある土曜日の夕方、彼女はバイト帰りに先輩を同伴して帰宅した。

いよいよ実家の両親に先輩を紹介するのだ。両親に、そしてネコたちに彼を気に入ってもらえるだろうか。

不安と期待が同時に膨らみ、彼女はとても緊張した。

先輩を連れて玄関のドアを開けたところ、珍しく彼女のネコが出迎えてくれなかった。

「先輩は私と結婚する予定の人だから、ネコが焼きもちを妬いちゃったのかな」

両親と先輩が挨拶を交わしているうちに、彼女はお茶の用意をした。

キッチンで彼女が紅茶を淹れていると、ネコがトットッと足元まで歩いてきた。

いつもなら彼女の脚にぐりぐり頭を擦り付けてくるのに、距離をとって彼女の顔をじいっと見上げてくるネコ。

彼に私をとられてしまうと思って、ネコは不安なのだろう。

彼女はネコをいじらしく思った。

「あの人、いい人だから大丈夫よ。優しい人なの。あなたもきっと気に入ると思う」

彼女はそう言い聞かせてネコの頭を撫でた。

その頃、応接間に通された先輩は両親に挨拶を終え、ダイニングテーブルの一角に座って和やかに会話を交わしていた。

「あれっと思ったら、両親のネコたちも定位置の膝ではなくて、椅子の下からじっと先輩を見てたんです。知らない人が家に来ることはめったにないので、先輩のことをみんな警戒してたんですね。私のネコも緊張してたんだって、それでわかりました」

友恵さんは先輩を伴って彼女の自室に行った。

部屋に家族以外の人を入れたのは、それが最初のことだったという。

来客のほとんどない部屋には、二人で座れるソファーもない。

友恵さんは少し迷ってからベッドに腰掛けた。

すると、いつもそうするように彼女のネコがベッドに上がって来て、膝の上に乗った。

彼女の両親に会って緊張したのか、先輩はバイト上がりでも見せたことがないほど、くたびれた顔をしていた。

「トモのご両親ってさぁ、ちょっと変わってるよね。あれじゃあ、君が不思議ちゃんになるわけだよな」

そう言って、先輩もベッドに座ろうとした。

彼女の横に腰を下ろした瞬間、先輩はギャッと叫んで跳ね起きた。

どうしたの？　と気遣う彼女に、先輩はわめきたてた。

「ベッドの上に何かいる!!　足にやわらかいものが触った、見えない何かが！」

見れば、先輩がさっきまで座っていた場所に、とても小さな子ネコがいる。

先輩のネコだと友恵さんは思った。

彼がこの家で共に暮らすためのネコが、このとき誕生したのだと。

きっと、家族が先輩を私の夫になる人と認めてくれて、これから家族になる彼のために新たなネコを遣わしてくれたのだ。

狼狽する先輩を落ち着かせようと、彼女は言った。

「私のネコはここにいるから、それはあなたのネコよ」

友恵さんの言葉に、先輩は口を引き結んで冷ややかな視線を向けた。

優しかった先輩の思いがけない態度に、彼女はいたく衝撃を受けた。

「なんとか、私たちとネコとの絆をわかってもらいたくて、説明したんですけど」

君らはちょっとおかしい、悪いけど、帰らせてくれ。俺にはとてもついていけない。

そう言い捨てて、先輩は逃げるように帰ってしまった。

乱暴に閉められたドアの前で立ち尽くす彼女の足元に、ネコたちが健気に擦り寄ってきた。

様子を見に来た両親に彼女は泣きついた。

そこで、両親は彼女に家庭の事情をついに明かしたのだという。

「知らなかったんです、私。他の家にはネコがいないだなんて」

今なら、あれほど先輩がたじろいでいた理由が理解できる。

「……うちの〈ネコ〉が、世間でいう〈猫〉とは違うものだったなんて」

友恵さん一家が〈ネコ〉と呼んでいるものは、哺乳綱食肉目ネコ科ネコ属のイエネコではない。それは、彼女の血族以外の者には見えない、猫のような何かだった。

ただ、その姿は友恵さんたちには、世間一般の〈猫〉そっくりに見えるという。

「しょうがないです。先輩からすれば、見えないネコを可愛がる女なんてさぞかしおかしく見えたでしょうから」

それまで学校で他人と会話していて、自分の家が変わっていると思ったことはなかったのか？

「〈ネコ〉のことは、外で話題にするものではないと言われていました。よそのお宅に遊びに行くこともなかったですし、そこは気づきませんでした」

友恵さんは地方の旧家。代々、他家との交流を良しとしない家風であった。

一族がいつから不可視の〈ネコ〉と暮らしていたのかは、記録がないためわからない。

だが、一族の持つ排他性は、〈ネコ〉の存在と無関係ではなかろう。

ご先祖はさておき、友恵さんの話に戻る。

彼女は先輩の豹変に傷つきながらも、彼のことを好ましく思っていた。

今どきの若者らしくないことに、友恵さんは携帯電話を持っていない。両親と〈ネコ〉たち家族で世界が完結していた彼女は、携帯の必要性を感じてこなかったのだ。市井の恋人たちのように、メールや電話で連絡を取り合うことは不可能。

そんな彼女に残された手段は、直接会って先輩を説得することだった。

バイト先で先輩にもう一度〈ネコ〉と自分たち家族の関係を説明するつもりだったが、出勤すると彼の名前はシフト表から消えていた。

先輩は彼女の家での体験に懲りたらしく、急きょバイト先を辞めてしまっていた。

その日、帰宅した彼女は〈先輩が去ってしまった〉ことを両親の前で嘆いた。

両親は彼女の話を静かに聞き、婚前の娘がたやすく男に体を許したことも責めようとはしなかった。

友恵さんは〈ネコ〉を抱きしめて泣きじゃくっていた。

「私はいいの。〈ネコ〉さえいれば。彼のことだって、そのうち忘れられる。でも、この子は……？」

ふにふにと頼りなく動く小さな毛玉を、友恵さんは両手に包んで嘆く。

「この子は先輩のための〈ネコ〉でしょう。彼がいなくなって、この子はどうしたらいいの？」

彼なしで〈子ネコ〉が生きていけるのか心配する友恵さんに、両親は笑顔を向けた。

「なんで笑うの、笑いごとじゃないでしょう」

真剣に主張する友恵さんがおかしくてたまらぬ様子で、両親はひとしきり笑った。

「なんだ、友恵はその子をあの男の〈ネコ〉だと思っていたのか」

「友恵ちゃん、それはあなたの子供の〈ネコ〉よ。あなたのおなかには今、赤ちゃんがいるでしょう」

そういえば、生理がずいぶん遅れていると思った。

それではこの子は、私のおなかの中にいる子供のための〈子ネコ〉ってこと？

「先輩が逃げたとき以来の衝撃でしたけど、両親が私の懐妊を喜んでくれて、抱きしめて祝ってくれたので、うれし涙が出てきました」

彼女の家では、先輩の一件は〈ネコも増えたし、結果オーライ。めでたいことしかない〉で済まされたそうである。

「うちに寄って〈ネコ〉に会っていきませんか？」

大きなおなかを撫でながら話す友恵さんの笑顔は魅力的だったが、なんとなく断ってしまった。

見えないとわかっているものを見に行くのは、どうにも気乗りがしなかったのである。

一張羅

　洋子さんは二十代にして和装の魅力に目覚めた。

「きっかけは成人式に着物をレンタルしたことですね。私、自分の体形にずっとコンプレックスがあったんですが、着物がすごく似合うって会う人みんなにすごく褒められたんです」

　洋服では欠点にしかならない体型の悩みが、和服を着こなす上ではむしろメリットになったのだという。

「やはり、日本人体型には洋服より着物の方が似合うと私は思うんですね。あと、着物はお手入れさえきちんとすれば、何十年も着られるんです。一生ものだから長い目で見ればお得なんですよ！　洋服はそんなにもちませんから」

　着付けもマスターし、普段から和装を楽しむ洋子さん。

　一番お気に入りの着物はどんな物ですか？　と尋ねたところ、少し奇妙な話を伺うことができた。

それは、古着市で見つけた着物にまつわる出来事だという。

「全体的に刺繍の施された、ゴージャスな着物が売りに出されていたんです。売主も来歴はよく知らないそうで、古民家に眠っていたものらしいと言っていました」

それは江戸後期、もしくは明治時代初期の品とみられる着物だった。

刺繍部分に若干の毛羽立ちが見られるものの、前の持ち主があまり袖を通していなかったのか、ヴィンテージ物にしてはすこぶる状態がよい。

動物性繊維である絹は、保管状態によりカツオブシムシの幼虫に食害されたり、カビて変色したりするが、奇跡的にその着物はカビも虫食い穴もない超美品だった。

現代物にはあまり見られない大胆な柄行《がらゆき》、時代を越えてなお麗しい正絹の艶に惹かれ、洋子さんの頭からは〈買う〉以外の選択肢はなくなっていた。

「だって、明治時代のものだとしても今から百年前ですよ？　そんな昔の貴重な着物、買えるものなら買いたいでしょう」

ボーナスが軽く吹き飛ぶ金額だったが、彼女はその着物を購入した。

「実は、購入するときお店の人から、〈実際に着るのはあまりオススメしない〉ってアドバイスされました」

着物の寿命は洋服よりは長いといわれるが、さすがに百年も経つと劣化により繊維が伸びにくくなり、着用時に縫い目や布地が裂けやすくなる。

そのため、その着物は実用にするのではなく、観賞用として楽しんでほしいということだった。

「でも、こんなに美しい着物、やっぱり着てみたいなと思って」

帰宅すると、洋子さんは細心の注意を払いながら、ヴィンテージ着物をその手で広げた。

「一度試着したら、その後はコレクションとして置台に飾っておくつもりでした」

ところが、羽織ろうとした瞬間、頭を殴られたような衝撃を受けて洋子さんは気を失った。

彼女が目を覚ましたとき、まず気にしたのはずきずきと痛む自分の頭よりも、ヴィンテージ着物のコンディションだった。

「失神したときに私がしわくちゃにしたり、破いたりしてたらどうしようと思って」

手に取ってすぐに倒れたはずが、床に着物は落ちていなかった。

「その着物、ちゃんと着物ハンガーに掛けてあったんです。すごいな私、大切な着物だから気を失いながらもセットしたのかな？　……と思ったんですけど」

取扱い注意の繊細な着物を、意識のない状態で着物ハンガーに通し、ハンガーラックに掛けることなどできるわけがない。

「侵入者に頭を殴られたのかも⁉　とも、思ったんですけど」

窓は全て閉めてあるし、玄関もチェーンが掛けてあった。

ハンドバッグの中の財布やカードはきちんとあるし、着衣や体に異状もない。

「何か変だなとは思ったんですけどね、着物が無事だったので、まあいいやって」


その翌日、洋子さんはその着物をもう一度だけ着用しようと思った。

ヴィンテージ着物を羽織った姿を記念撮影することを思いついたのである。

「自撮りは得意じゃないし、ちゃんと撮りたいからカメラ係に友人を呼んだんです」

洋子さんが撮影を依頼したのは、写真が趣味で一眼レフを所有している同性の先輩、飛鳥さんだった。

「飛鳥さんは私の着物の先生でもあるんですよ。ミーハーな私と違って、彼女の知識半端ないんです」

さわやかに晴れた昼下がり、飛鳥さんは洋子さん宅にやって来た。

レフ板代わりにと、部屋にある等身大の姿身に白いシーツを被せる。

カメラ係の飛鳥さんが所定の位置にスタンバイ。

洋子さんはハンガーラックに掛けられた例の着物を手に取ろうとして、すとんと床にうずくまってしまった。

「いっ、痛い、頭が痛い!!」

勢いよく手を離したせいか、ラックに吊られた着物がゆらゆら揺れていた。

涙目でそれを見た洋子さんは、なぜだか着物に笑われているみたいだと思った。

古着市で日の光の下で見たときは素敵だと思ったのに、LEDが照らす部屋だと、どうしてこの着物は凶々しく感じられるの?

「洋ちゃん大丈夫?　片頭痛?」

飛鳥さんが心配そうに話しかけてきた。

「ううん、頭痛の持病はないいんだけどね。この着物を着ようと思うと頭がすごく痛くなる」

飛鳥さんは洋子さんを助け起こしてソファーに座らせると、ハンガーラックに吊るされた着物を検分し始めた。

「この着物……縄の跡があるね？」

飛鳥さんは布地や刺繍の毛羽立った部分を指さしていた。

「毛羽立ったところをなぞってみるから、ちょっと見ていて」

飛鳥さんの指の動きを追ううちに、洋子さんの目にも見えてきた。

着物の胸から腕にかけて、そこから腹の辺りまで毛羽立ちが連なり、幾重にも縄をかけた跡のように見える。

購入時、洋子さんもざっとダメージを確認していたが、表面のわずかな傷みがまさか縄の跡だとは、想像もつかなかった。

「これ、江戸か明治時代の着物だよね……ひょっとして、死刑になった人の着物なんじゃない？」

飛鳥さん曰く、市中引きまわし（斬首刑の前に死刑囚を縄で縛って馬に乗せ、見世物の如く民衆に晒すこと）の際、人生の最後に罪人はとっておきの一張羅を身につけたのだという。

かつて日本では、死刑囚の着物でも普通にリサイクルされていた。

「えっ、でもこの着物は状態がいいし、江戸じゃなくて明治時代のかもしれない。それなら、もう斬首刑はしてない時代でしょう」

飛鳥さんから明治時代も初期ならばまだ斬首刑が続行されていたと聞き、洋子さんは身の毛がよだつ思いがした。

「斬首って……首を切ったら血がすごいもの、そんな着物なんて血糊で売り物にならないよ？」

引きまわしの際には晴れ着だったとしても、処刑されるときは死に装束（白装束）になるものだ。

斬首前に死刑囚から剥がされた着物が古着屋に引き取られ、時を経て洋子さんの家にやって来たのではないか。

次々に反論を潰されて、洋子さんも飛鳥さんの言うことが正しいような気がしてきた。

「でも、斬首の祟りで痛くなるなら、普通は首よね。なぜ後頭部が痛くなるの？」

その疑問にも、飛鳥さんは答えた。

首切り役人も、腕が良くない者だと首を狙うつもりが、手元が狂って頭を切りつけてしまうこともあったというのだ。

だとしたら、そんな下手な首切り役人に斬られてからも、その女性は一張羅への思いを百年も着物に遺していたのか。

「私、女だからその気持ちわかるなぁと思いました」

洋子さんはそうつぶやいた。

「私だって、お気に入りの着物に思い入れがあるもの。自分が死んだ後に知らない人がそれを着ようとしたら、大切にしてくれるかどうか心配で、化けて出るくらいはすると思います」

飛鳥さんの話が腑に落ちた洋子さんは、記念撮影を中止した。

「飛鳥さんはそういうことがわかる人なんですけど、お祓いはできないんですよね。ただ、私がその着物を着ようとしなければ、積極的に危害を加えられることはないだろうって言ってました」

問題の着物はどのように処分したのかと問うと、洋子さんは心外そうな表情を見せた。

「えーっ、捨てるわけないじゃないですか。今も手元に置いていますよ？　風通しの良い着物部屋に防虫剤を置いて飾ってます」

いつか、この着物に認めてもらえたら、頭痛を起こさず着られそうな気がするので、それまで自分磨きをするつもりだという。

「生半可な気持ちじゃ、羽織って撮影なんてできないですから。祟りを凌駕する着物愛を発揮してみせますよ」

意気込む洋子さんだったが、そこまでしていわくつきの着物を手元に置こうとする彼女には、私は共感できなかった。

いつか写真撮影が成功したら、その写メを送ってくれるそうである。

葬難

「私のうち、一家離散してるんですよ」

生まれつき家族運がないのだと織香さんは嘆く。

「短大生のとき親が離婚したので、弟と一緒に母について行きましたけど、再婚したら連れ子はポイ！　です。それで、姉弟別々に一人暮らし。幼い頃から母とはそりが合わないし、弟とも気が合わなくて、付き合いはありません」

しかも彼女の近年の不運たるや、厄年の大厄にしても酷すぎるのだという。

「派遣切られて次が見つからないし、金運仕事運も最悪。恋愛運も酷いですよ、彼氏に女ができて別れました。すぐ結婚すればぎりぎり高齢出産にならずに済むと計算してたのに、最悪でしょう」

五年間交際してきた恋人と別れたストレスなのか、織香さんは体調もすこぶる悪く、自律神経失調症のような症状に絶えず見舞われていた。

あまりの辛さに近所の病院へ駆け込んでも単なる疲労や風邪と言われ、薬が出されるものの症状の改善は見られなかった。

「医学でもどうにもならないから、どん底の運気をなんとか上げようと思って、占いに頼ったんですよ」

　駅ビルの片隅で、占い師は彼女に告げた。

「〈お墓がほったらかしだから、ご先祖様が怒ってる〉って言うんです。しかるべき人が守ってくれてないから、こんなに良くないことが重なるんだとか」

　占い師の言葉にも一理あると思い、織香さんはその場で墓参を決意した。

「父は九州出身で一族の墓が離島にありまして、予算上そこに行くのは無理でした。離婚して母方の姓を名乗っていることだし、県内にある母方のお墓にしようと」

　静岡県中部住まいの織香さんは、母方の墓が県東部の墓地にあることを知っていた。中学生の頃、祖父の葬儀で母方の菩提寺を訪問した記憶があったのだ。

「小高い山の上にあるお寺です。駐車場に車を停めてから、延々長い上り坂を歩かされたのを覚えてたんです」

　一度行ったきりなので寺の名前すら憶えていなかったが、彼女はネット地図を検索して大体の見当をつけた。

「母に電話したら詳細を教えてくれたでしょうけど、私たち親子は基本干渉しないことにしていますからね。意地でも親には訊きたくなかったんです」


占いから数日後の朝のこと、織香さんは日帰り予定で県東部へ墓参旅行に出発した。

「歩くので服装は黒いジャージの上下にスニーカー。ライターとお線香、簡単なお掃除道具をリュックに入れときました」

電車を乗り継いで、昼過ぎに彼女は目的の駅に着いた。

駅舎から出てロータリーに立つと、記憶にあるのと同じ形の山が眼前にあった。

「当初の予定では参詣道の入り口までタクシーで行くつもりでしたが、思ったより近くに見えたので、駅から徒歩で向かうことにしたんです」

寺へ向かう道は車一台がようやく通れるほどの狭い幅ながら、舗装されていて歩きやすかった。

盆暮やお彼岸でもない平日の昼間に墓参するのは、自分くらいのものだろう。

そう思っていた織香さんだったが、かろうじて目視できるくらいの距離に五人ほどの一団が先行するのが見えた。

一家で墓参するのかな、と彼女は思った。

きっとこの日が、あの人たちの家族の命日なのだ。

前を行く人々の服装は、はっきりしない。

この距離からだと黒い塊《かたまり》にしか見えなかった。

同じく墓参目的だろう人々がいることに彼女は勇気づけられ、歩くピッチを上げた。

しばらく行くと道が二股に分かれていた。

昔この道を登ったときは一本道だったはずだと記憶を辿ってみたが、実際には分岐している。

どちらの道が正解なのか。

参考に前を見ると、先行する人々は左の細い方の道を登っていた。

ならば、左側の道が正解だろうと、彼女は先行者の後をついていった。

「すぐに〈山をなめていた〉って後悔しました。地図では直線距離で近いと思ったんですが、同じ距離の平地を行くより、山だとアップダウンがあるじゃないですか。それに運動不足な足腰に痛みが出てしまって」

休みなく登り続けた彼女は、そのとき疲労感を覚えて立ち止まった。

何かが妙だった。

昼過ぎにこの山へ入ったはずが、もう空が暗くなっている。

「天気予報は晴れでしたし、腕時計を見たらまだ十四時前なんです。山にいると平地より日の暮れるのが速いのかな？　と思いました」

空を見れば日は一時的に翳ったのではなく、はっきりと沈みかけていた。

辺りの木々が、沈みゆく太陽のどこか毒々しい橙色に染まっていく。

前方に視線を戻したところ、先行者たちに異変があった。

最初は四、五人いると思われた人々が、改めて見れば三、四人になっていた。

かなり距離があるため、一塊になって登る人々を正確に数えられるものではない。

元から四人だったのを、薄暗いせいで一人多く見間違えたのだろうと彼女は思った。

坂道を登り続けるうちに舗装は途絶え、小石の転がる地面がむき出しになっていた。

気を抜くと張り出した木の根に足をとられて転びそうになるので、基本、彼女は足元を見ながら歩いて行った。

日は暮れて木々の織り成す闇が辺りに落ち、山頂はいまだに見えない。

息切れしつつも、彼女は先行者から引き離されないように気を張って登っていた。

目的地の同じ先行者の背中が頼もしく見えた。

さらに歩くと道はだんだん細くなりゆき、藪が左右からせり出して獣道のようになってきた。

本当に左の道で正しかったんだろうか。

不安になって彼女が前を見ると、また異変が起きていた。

先行者が、三人しかいない。

暗くて距離があり、彼らは黒い塊のようにしか見えないけれど、最初は四、五人いるように見えたのだから、確実にさっきよりも人数が減っている。

動揺した彼女は立ち止まり、リュックからスポーツドリンクを取り出して飲んだ。

改めて前を向くと、先行者は二人になっていた。

明らかにおかしかった。

一本道に四、五人いた先行者が、後続の彼女の視界から消えるためには、前方にダッシュするか、左右の藪に飛び込むしかなかった。

だが、彼らにはそんなことをする理由がない。

一人ずつ先行者が減っていく理由が、彼女には皆目わからなかった。

どっと疲労を感じ、彼女はポケットから飴を出して口に含んだ。

気を取り直して前を向くと、先行者はたった一人になっていた。

たちまち、彼女の全身が総毛立った。

休憩しようが早足になろうが、常に彼らとの距離が一定だったことに気づいて、寒気がぞくぞくと足元から這い上る。

彼らは何なのだろう。

どうして私は、彼らが人間だと思ってしまったのだろう。

日は完全に沈み、辺りは暗闇に包まれつつあった。

そのとき、彼女には引き返すという選択肢はなかった。

ここから町に戻れば、山の中で夜を明かすことになる。装備もなしに野宿するよりは、寺院で宿を借りる方が良いと思った。

気分を落ち着かせるために、彼女はもう一つ飴を出して口に含んだ。

夜になる前に山頂に着けばなんとでもなる。

でも、あれに追いついてしまったら、どうしよう。

最初に先行者を見たときは心強く思ったのに、もはやあれは恐怖の対象でしかない。

冷や汗まみれの手に握りしめていた飴の包み紙をポケットに入れて、彼女は顔を上げた。

先行者は消えていた。

目を凝らしても、その道の先には誰の姿もなかった。

まさか、と彼女は振り向いてみたが、背後にはただ闇が落ちているだけだった。

闇の中で一人になった彼女は歯を食いしばり、急ぎ足で坂を登った。

ひたすら登っていくと、道は人一人がぎりぎり通れるくらいの細い獣道となった。

野草に足を取られつつ、競歩のような足取りで彼女は前に進んだ。

もう息が持たないと思ったそのとき、道は平坦になり、目の前に墓石が整然と並んでいた。

目的の墓地だ。

ついに彼女は山頂に着いた。

墓地の奥に寺院があり、そこに住む人の生活の灯りがほんのり墓地を照らしていた。

寺院を囲むようにして樹木が生い茂っており、そこへ行くには墓地の中を通る道しかなさそうだった。

既に日はとっぷりと暮れてしまった。

彼女は時間を確認しようとしたが、腕時計は暗すぎて見えず、リュックを背中から降ろして中に入っているスマホを見るにはくたびれすぎていた。

用事は昼のうちに済むと思っていたため、懐中電灯などは所持していない。

彼女は転ばないようにそろそろと墓地の通路を進んだ。

墓の隙間を歩いていると、後ろから誰かがついてくるような気がした。

足音はしないが、何か濃厚な存在感のようなものが、彼女の背後から距離を詰めてくるように思われた。

「気のせいだ、何もいない、気のせいだ、何もいない」

念仏のように自分に言い聞かせながら墓地を歩く彼女。

すっ。

誰かが彼女の横に立った。

闇よりも濃く、人の形をしたものだった。

出くわした瞬間、彼女はそれが〈先行者の最後の人〉だと思った。

先行者の最後の一人が、彼女が墓地に来るのを待ちかまえていたのだと。

駆け出そうとした彼女の足が折あしく攣《つ》る。

それは音もなく抱きついてくると、彼女に口づけをした。

頬に押し当てられた唇にはおよそ体温というものがなく、その体幹や腕の全てが氷のように冷たかった。

悲鳴を上げようとしたが喉がかすれて、実際に声が出せたかどうかは定かでない。

直後、彼女の視界は捻れ、歪んで暗転した。


「気づいたら私、お寺さんのお布団に寝かされていたんです」

目が覚めた彼女に住職が白湯を持ってきてくれて、温かい飲み物がありがたかったという。

「私、墓地のど真ん中に倒れていたんですって」

あのとき悲鳴を上げることに成功していた彼女は、墓地の様子を見に来た住職に失神しているところを発見されたのである。

住職の前で、彼女はここまでの道中あったことを語った。

異様に早く沈む夕日のことや、一人ずつ消えていった黒い影の先行者のことを。

何か凶悪な因縁や、寺に伝わる妖怪譚があるのではと思いきや、住職に思い当たる節はないということだった。

彼女の語る二股の道の下りを聴いて、住職は懐かしそうに目を細めた。

「その昔、まだ私が子供のころでしたが、その時分は山道が二本に分かれておりました。一つは細くて険しく遠回りで危険な道でしたので、現在は潰されておるんですよ」

住職の説明に彼女は納得がいかなかった。

「でも、はっきり道は二本に分岐してましたよ。ついさっきのことなんです。だって、今、私そこを登って来たんです。獣道みたいな急な坂を……嘘じゃないです」

住職は首をひねった。

「墓参の人が迷わないように、入り口もわからないよう潰したんですよ。もう何十年も前のことで、人が通らなくなった道はもう道じゃなくなってます。草木が上を覆っていって、自然に還っているはずです。そんな道をあなたが登れたはずはないんですけどね」

住職の言う通りに右の道を行ったならば、彼女は寺院の正面に到着することになる。実際には寺院の裏口、墓地のある方に着いたので、彼女は失われた道を通って来たのだとそれで確信したという。

「一番混乱したことが、お寺で時計を確認したら、まだ十六時だったんですよ」

先刻、真夜中の墓地をさまよい歩いたのは、いったい何だったのか。

大いに混乱していた彼女だったが、ここに来た目的を忘れてはいなかった。

住職に墓所を教わり、彼女は先祖の墓を捜し歩いた。

他家のお墓は冷たくよそよそしく見えたが、心なしか母方の墓は見た途端にほっとした気持ちになれたので、刻まれた苗字を見るまでもなくわかったという。

「鳥の糞がべったり墓石に垂れていたんです。ご先祖様がお怒りの原因はこれだ！　と思ったのでちゃんと掃除してきました」

目的の墓参りが済んだので、彼女は家に帰ることにした。

「帰路はもちろん、お寺の正面から出ている道を下って行きました」

寺の門前まで車で乗り入れられるよう、山道はアスファルトで舗装されていた。

広々として綺麗な道は、彼女が先ほど登ったはずの野草生い茂る獣道とは大違いだった。

万が一、黒い人が出たらダッシュでお寺に戻らなくてはと心配していたが、下りの道は拍子抜けするほど何も起きなかったという。

帰り道は一本道で、行きに見た獣道への分岐は下りのどこにも見当たらなかった。

占い師のお告げで墓参りを済ませた織香さんに、何か御利益はあったのだろうか。

「良いことですかー、ありましたよ！　私の不調、ずっと診断名がつかなかったんですけど、お墓参りの後で病院に行ったら病名がわかったんですよ」

彼女の不定愁訴は、少し珍しい自己免疫疾患による初期症状だった。

診断名はついたものの、いまだその病気に対する治療法は確立しておらず、根気強くステロイドで症状を抑えていくしかない難病であった。

確かに、なんの病気かわからなくて不安な精神状態でいるよりかは、難病であっても疾患の名が判明した方がよく、一応、事態は進展しているといえる。

「また何か上手くいかないことがあったら、お墓参りしてきます。今度はちゃんと正しい道の方で」

そう言って、彼女はポジティブに話を締めくくった。

後奇（あとがきのようなもの）

静岡のライブハウスSでは、怪談バーを不定期開催している。

立ち寄った客が体験を話していく会なのだが、参加者に話のノルマはなく、聞くだけでもよい。聞き専のつもりだった参加者が他の人の話に触発され、〈そういえば私も〉と語り始めるのも楽しく、語り手と聞き手の垣根がないおおらかなイベントである。

その日も私は取材のためライブハウスSを訪れた。

午後七時半、開場直後とあって、ライブハウスのマスターがフリーおつまみのポテトチップスを皿に開けて準備中。

開場数分で私を入れて五人ほどが集まり、イベントが始まる。

大皿に盛られたスナックを食べた客の一人が渋い顔になった。

ポテトチップスが物凄く湿気ているという。

試しにつまむと、しなしなで柔らかかった。例えるなら、開封して二、三日経ったくらいの湿り具合。

〈ジャガイモの旨味が全くないね〉〈これ、お仏壇に供えてあったお菓子の味そっくり〉などと文句を言いあう参加者たち。

ライブハウスSは地下一階にあるので、地上よりも湿気は若干溜まりやすいが、この湿気たチップスは通常では考えられない。

怪談そっちのけで密談が始まり、〈ライブハウスの経営はどこも厳しいっていうし、無料おつまみにマスターが古い食べかけを出したのでは〉などと邪推が広がった。

私は先ほど、マスターが量販店から購入してきたばかりの新品スナックの袋を開け、皿に出しているのを見ていたので、それを話すと参加者の皆さんは震え上がった。

体力のない私は閉会前にお暇したが、このイベントは深夜からが本番で、女性陣の多くが離脱した後に怪談ならぬ猥談も交えて盛り上がったそうである。

日付が変わる頃には怪談の語り手の背後にあった使っていないマイクスタンドが倒れる、触れていないドアがバタバタ開くなど異様な現象の数々が起きたらしい。

怪異の現場に立ち会えず、非常に残念なことをした。

そんな静岡怪談バーで採集した話を主に掲載している本書だが、自分史上最高に難産な原稿であり、その停滞ぶりに胃壁を溶かす始末となった。

昨年の今頃、青信号の横断道路を歩行中に前方不注意の車に跳ねられた私は、いまだに神経痛の後遺症を残し、執筆速度に大ブレーキがかけられた。

その上、〈ネタなら幾らでもあります〉と仰っていた方が、急に〈今後、心霊関連のことから手を引きます。一切話すことはできません、危ないですから。あなたも、早くこの業界から足を洗った方が良いですよ〉と言い置いて去ってしまったりもした。

拙稿を支えて下さった編集N様に心から謝意を表したい。

最後に、慢性的ネタ不足に陥った私に貴重な経験を提供して下さった皆様、そしてお手に取って下さった読者の皆様に感謝いたします。

神　薫

怨念怪談 葬難

2018年10月5日　初版第1刷発行

著者　神　薫
企画・編集　中西如(Studio DARA)
発行人　後藤明信
発行所　株式会社 竹書房
〒102-0072 東京都千代田区飯田橋2-7-3
電話03(3264)1576(代表)
電話03(3234)6208(編集)
http://www.takeshobo.co.jp
印刷所　中央精版印刷株式会社

定価はカバーに表示しています。
落丁・乱丁本の場合は竹書房までお問い合わせください。

ISBN978-4-8019-1626-5 C0176